JN082565

改訂・全部見せます
小6理科授業
なぜクラス中がどんどん理科を得意になるのか

教育出版

まえがき

本書は，小学校６年生における「１年間の理科授業」を再現したものである。

１年間，子どもたちは，さまざまな内容を学習する。
当然，いつもいつも魅力的な教材ばかりを学習するわけではない。
唾液の実験など，一見子どもが嫌がりそうな実験もある。
水溶液の判定など，なんとなく怖いなと思える実験もある。
そういった「子どもが嫌がったり怖がったりする教材」を，どう楽しく演出するかが，授業の腕の見せどころとなる。
唾液の実験で言えば，「口径が１cm を超えるような大きなストローを用意」する。それだけで，唾液をスムーズに試験管に入れることができる。しかも，「試験管は一人に一つ用意」する。自分の唾液なのだから嫌悪感も起きない。唾液によって，でんぷんが分解されたことを楽しく学ぶことができる。

教室には，さまざまな子がいる。
理科が得意な子。
勉強自体が苦手な子。
ノートを書くことすら，拒否する子だっている。
そんなさまざまな子が集まった教室で，全員を満足させる授業を要求されているのが，学校の教師である。
多くの教師が，「理科の授業を進めていくのは難しい。」と感じている。
だが，理科の授業に自信のない人でも，１年間の理科授業をすばらしいものにすることは可能である。
なぜなら，「人の実践を参考にすればよい」からである。

本書には，１年間全ての単元について，「発問」や「指示」，「説明」，「教材」，「授業の組み立てや配慮」，「子どもの反応」が示してある。

これだけで十分なのだが，さらに次の点も示してある。

授業のねらいと構想，留意点。
子どもの実物ノート。
教師のねらいや思い。
苦労することや，注意すべきこと。
子どもの疑問からどう授業を発展させたかなどの，授業をつくるうえでの舞台裏。
授業をした結果どうだったか。
発達障害のある子や，理科が苦手な子への配慮。

ある1単元の授業実践なら，多くの人が公開している。

だが，1年間の全単元の全ての授業を公開した記録は，あまりない。

本書のように，これだけ詳しく1年間の実践を記した本は皆無に等しい。

本書を読んで，そのまま授業をするだけでも，きっと楽しい授業を行っていくことができる。

そして，さらに工夫できるところは，どんどん修正し，改善してほしい。

本書をもとに，さらなる良い実践が生み出されるのであれば，著者としてこれほどの喜びはない。

全国津々浦々で，楽しい理科授業が具現化されることを期待して，私もまた，さらにすばらしい実践を創りあげたいと思う。

※改訂にあたり追加した授業は，これまでのさまざまな実践や研究を通して最もよいと思える展開を示したものである。なお本研究の一部は，JSPS 科研費 JP 17K12936 の助成を受けて行った。

2020年1月　大前暁政

目　次

Ⅳ　植物のからだのはたらき

Ⅴ　生き物のくらしとかんきょう

Ⅵ　月と太陽

Ⅶ　土地のつくりと変化

Ⅷ　てこの規則性

Ⅸ　水溶液の性質

X　電気の利用

XI　人と環境

I 生き物の住む星・地球

全部見せます 小6理科授業

I　生き物の住む星・地球

6年生になって最初の単元である。最初なので，基本的な「学習技能」を身につけさせたい。

ここで教えたい「学習技能」とは，次のものである。

1　教師の発問をノートに書く。
2　発問を赤で囲む。
3　発問に対する自分の考えを書く。
4　そう考えた理由をノートに書く。
5　発表する。

教師が発問し，子どもがそれに対して答える。これが，授業の基本的な展開である。そこで，教師の発問に対して，自分の考えを書き，発表するという「学習技能」を身につけさせたい。

また，2017年の学習指導要領解説理科編には，各学年で重点を置いて育てたい「問題解決の力」が明記されている。

3年「差異点や共通点を基に，問題を見いだす力」

4年「既習の内容や生活経験を基に，根拠のある予想や仮説を発想する力」

5年「予想や仮説を基に，解決の方法を発想する力」

6年「より妥当な考えをつくりだす力」

この力を養うには，3年生で「比較する」，4年生で「関係付ける」，5年生で「条件を制御する」，6年生では「多面的に考える」という「考え方」を大切にしなくてはならない。

6年生では，「自然現象の性質や規則性を考える」際に，多面的に考えることで，より妥当な考えをつくりだしていかなくてはならないのである。例えば，てこの実験を繰り返したあとに，てこの規則性を考えさせる。子どもたちは，自分なりにさまざまな規則性を発表する。

このような,「ある現象に対する要因や規則性を考えさせる場面」を用意し,多面的に考察させることが大切になる。

習得させたい知識

1　生物は水及び空気を通して周囲の環境と関わって生きていること。
2　水は地球を循環していること。

習得させたい技能

1　生物と環境の関わりについて多面的に考え,より妥当な考えをつくりだし,表現することができる。

単元実施計画

時　間	学習内容と指導方法の重点
第1時	【習得】植物の増え方を知る
第2時	【習得】人が生きていくために必要なものを考える
第3時	【習得】地球と他の星を比べる
第4時	【習得】生き物とは何かを考える

第1時

植物の増え方を知る

植物は何で増えるのかを考えさせる

「これはなんでしょう？」

サツマイモの写真を映した。すぐに答えはわかる。

「サツマイモ！」と元気な返事が返ってきた。

サツマイモは，根ですか。茎ですか。種ですか。それとも葉ですか。

「根」や「茎」と考えた子が多かった。

答えは，「根」である。

サツマイモは何で増えますか。

サツマイモは，「茎」で増えることを教えた。（もちろん種でも増える。）サツマイモの茎を植えておくと，増えていくのである。

続いて，チューリップの写真を映した。どの子も，低学年の時にチューリップを植えた経験がある。

チューリップは何で増えますか。

「球根」である。これは子どもたちにもすぐわかった。

球根は，根ですか。茎ですか。種ですか。それとも葉ですか。

言葉に注目している子が多かった。すなわち，「球根」という字には「根」という漢字があるのだから，「根に決まっている」というわけである。

ところが，球根は，「葉」に分類される。驚きの声があがった。

続いてジャガイモの写真を映した。

ジャガイモは何で増えますか。

種や，たねいもなど，いろいろと出た。

通常，ジャガイモは，ジャガイモで増やすことを教えた。（もちろん種でも増える。）

ジャガイモは，根ですか。茎ですか。種ですか。それとも葉ですか。

答えは，「茎」である。

植物には，「根」で増えるものや，「葉」，「茎」で増えるものなどがあることを教えた。

ジャガイモがこのあとどうなるかを予想させる

「ジャガイモをノートにスケッチしなさい。」

私も黒板に描いた。

ジャガイモの芽と根はどのように出てきますか？
予想してノートに描きなさい。

早く描けた子から持ってこさせた。特別支援を要する子が喜々として絵を描いて持ってきた。早く描けた子に，板書させた。

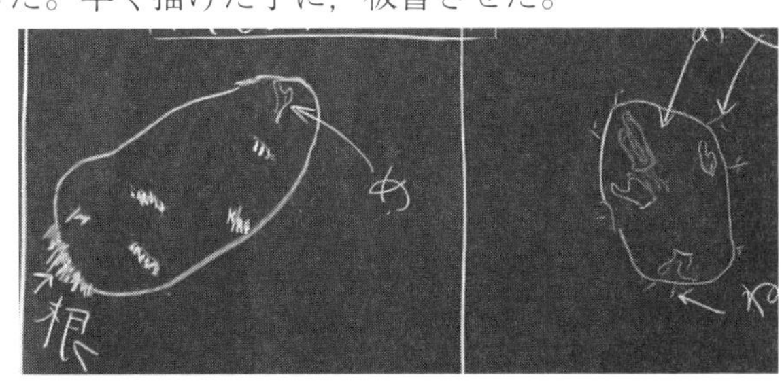

どの絵に賛成か手をあげなさい。

最後に，実物を配った。芽と根が出てきているジャガイモである。「うそ！　こんなふうに出てくるの！」と驚きの声が次々とあがっていた。

ジャガイモは，時間がある時に植えることにした。

第２時

人が生きていくために必要なものを考える

地球と宇宙の違いを考えさせる

「私たちの住んでいる星は何ですか。」

「地球」である。地球の写真を，教科書で確認させる。

「日本はどこですか。指を置きなさい。お隣さんと確認します。」

「オーストラリアはどこですか。」

「ユーラシア大陸はどこですか。」

テンポよく，尋ねていく。

「地球の周りの黒い空間を何と言いますか。」

「宇宙！」とすぐに答えが出た。

宇宙について知っていることをノートに書きなさい。

自由に発表させた。

「空気がない。」

「星がたくさんある。」

「陸はない。」

「海はない。」

「重さ（重力）がない。」

「広い。」
「寒い。」などが出された。

宇宙で生活するとしたら何が必要か

宇宙船に乗って，宇宙で何年も生活するとします。必要な物を考えて，ノートに箇条書きしなさい。

服をはじめ，お風呂，ゲーム，本，食べ物，おかし，ベッドなど，いろいろな物が出された。

今から1時間後に，地球を急に脱出しなくてはならないことになりました。急いでいるので，「3つ」しか宇宙船に積めません。何を積みますか。

ここは盛り上がった。
3つしか選べないのである。娯楽関係をはずしていくしかない。
隣の人と相談させた。
検討の結果，「空気」，「水」，「食料」にしぼられた。

あと1つだけ持っていけるとしたら，何を持っていきますか？

「エネルギー」という意見が出た。
寒い宇宙で暖かくしたり，宇宙船を飛行させたりするには，エネルギー（燃料）が必要だ。

実は，6年生の理科では，今出た「空気」，「水」，「食料」，「エネルギー」に関することを学びます。全て人間にとって必要なものばかりです。

このように説明して，授業を終えた。

第３時

地球と他の星を比べる

地球以外の星の情報を蓄積させる

地球以外にどんな星がありますか。ノートに書きなさい。

太陽系の惑星の位置と大きさを板書した。

「太陽－水星－金星－地球－火星－木星－土星」までを書いた。

地球以外の星の写真を，スクリーンに映します。
写真を見て，気がついたことをメモしておきなさい。

映像を見せながら，簡単に解説した。

映像をスクリーンに映す際に，メモをとらせることが大切だ。教師の説明や，映像を見て気づいたことを，メモする習慣を身につけさせていくのである。

地球外生命はいるか？

地球以外の星に，生き物はいるでしょうか。いると思う人は○，いないと思う人は×をノートに書きなさい。

他の星に生き物がいると考えていた子が27名。4名は，生き物がいないと答えた。

理由を書かせ，発表させた。

「環境が過酷すぎて，生命が生きられるとは思えない。」

「生き物がいたとしても，すぐに死ぬような環境では生きられないと思う。」

生き物がいると考えた子は，次のように答えた。

「金星には雲もあるし，水もある。水があるということは，生命は生きられるのではないか。」

「地球の砂漠にだって生き物がいる。火星が砂漠であっても，その環境に適した生命がいると思う。」

私から，「太陽系の惑星には，微生物のような生き物がいるかもしれないが，まだ発見はされていない」と話した。

ただし，地球上で，猛毒のヒ素を「食べる」細菌が見つかるなど，過酷な環境にも生物が適応できることがわかっている。

なぜ地球に生物が多いのか

地球には，たくさんの生物がいます。
地球に何があるから，生物がたくさんいるのだと思いますか。

「水」，「空気」，「適度な温度」が出された。

水，空気は本当に豊富にあるのか

「直径 13cm の地球をノートに書きなさい。」

子どもたちは，コンパスを使って書いた。

地球は，空気に囲まれています。
空気の厚さはどれぐらいでしょうか。予想して，青でノートに書きなさい。

多くの子が，地球から厚さ 2cm ぐらいのところに空気の層の線を引いていた。

答えはなんと，厚さ 1mm にも満たない。地球の直径は，約 13,000km。空気は，上空 100km にもなると，ほとんどがなくなってしまう。

これには，驚きの声があがった。

> **地球には，水があります。水はどんなところにありますか。**

「川」，「雲」，「海」，「湖」などが出された。
「地球は宇宙のオアシスといわれるくらい，たくさんの水があります。」
「水は海や川から蒸発して，また雨になって戻ってきますね。」

> **みんなが「使えて・飲める」水はどれぐらいあるでしょうか。**
> **塩水は，含みません。**

1L のペットボトル５本中，どれぐらいかを尋ねた。

答えは，スプーン１杯に満たない量である。ごくわずかの淡水しか使えないことを説明した。水を奪い合っている国もあることを教えた。

第４時

生き物とは何かを考える

「生き物」の意味を説明させる

> **「生き物」とは何ですか。**
> **辞書を使わずに，生き物の意味を考えて，ノートに書きなさい。**

書けた人から，持ってこさせた。〇をつけて，子どもに板書させた。

- 生きているもの
- 命があるもの
- 自分の意志で動くもの
- 人間と同じようにくらしたり，食べたりするもの
- 意志や感情をもつもの
- 水と空気と食を必要とする，意志や考える力をもったもの
- 命をもって生まれて，死ぬもの

賛成意見に手をあげなさい。

まず，賛成意見が１つもない意見に，線を引いていった。黒板消しでは消さない。意見に線を引いて，消していくのである。

反対意見があれば，言いなさい。

これはおかしいと思う意見に対して，反対意見を自由に言わせた。

反対が多かったものを，私が選んで，線を引いて消していった。

こうして，最終的に，２つの意見に絞った。

・水と空気と食を必要とする，意志や考える力をもったもの

・命をもって生まれて，死ぬもの

どちらに賛成ですか。理由を書きなさい。

これは，盛り上がった。どちらも正しいように思えるのである。

最終的に辞書で確認をさせた。

私から，少し補足した。「子孫を残す」という性質も生物としては大切な特徴であることを教えた。

「生き物」の具体例をあげさせる

最後に，尋ねた。

生き物の中には，どんなものがいますか。

「人間」「動物」「植物」「菌類（キノコ，カビなど）」の４つが出た。

６年生の学習では，それぞれの生き物について学ぶことを教えた。

参考文献

「小学校授業クリニック理科６年」露木和男編著　学事出版　2002

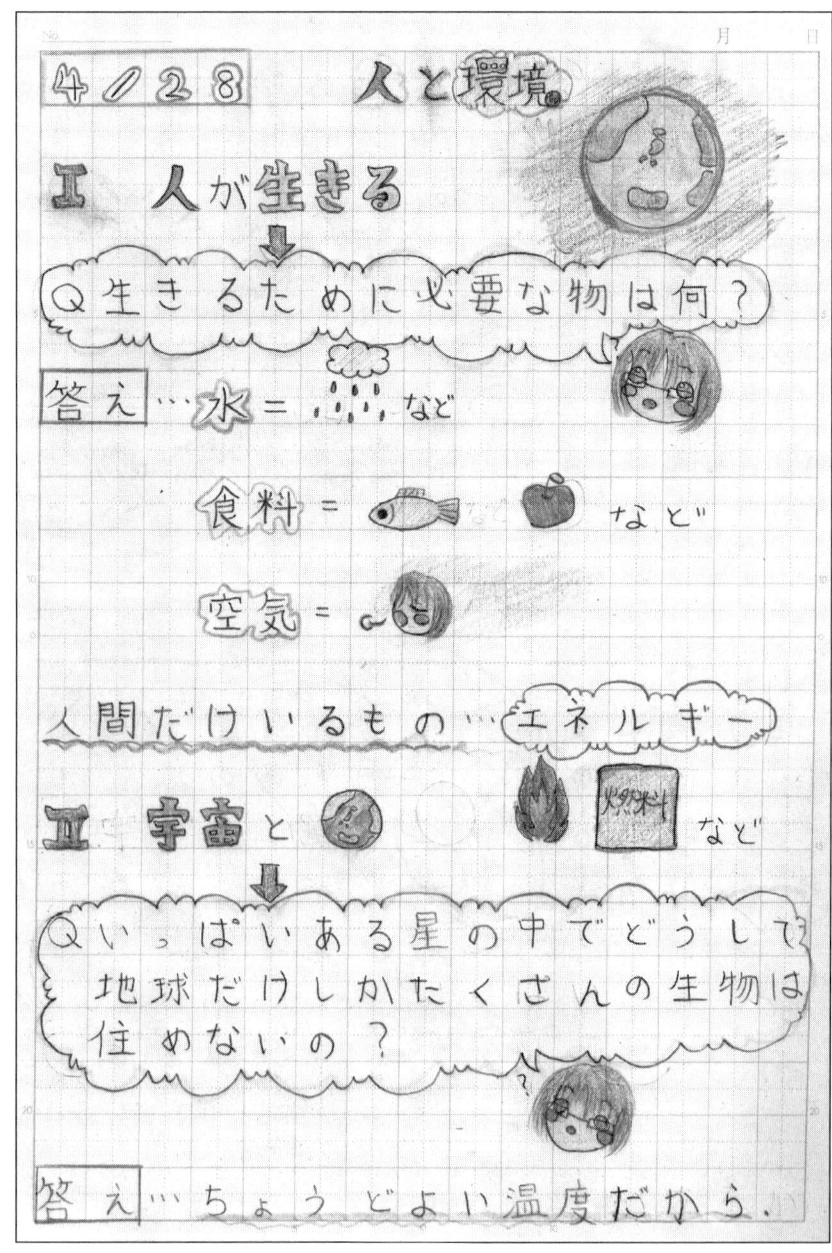
4/28 人と環境
Ⅰ 人が生きる
Q生きるために必要な物は何？
答え…水＝ など
食料＝ など
空気＝
人間だけいるもの…エネルギー
Ⅱ 宇宙と など
燃料
Qいっぱいある星の中でどうして地球だけしかたくさんの生物は住めないの？
答え…ちょうどよい温度だから。

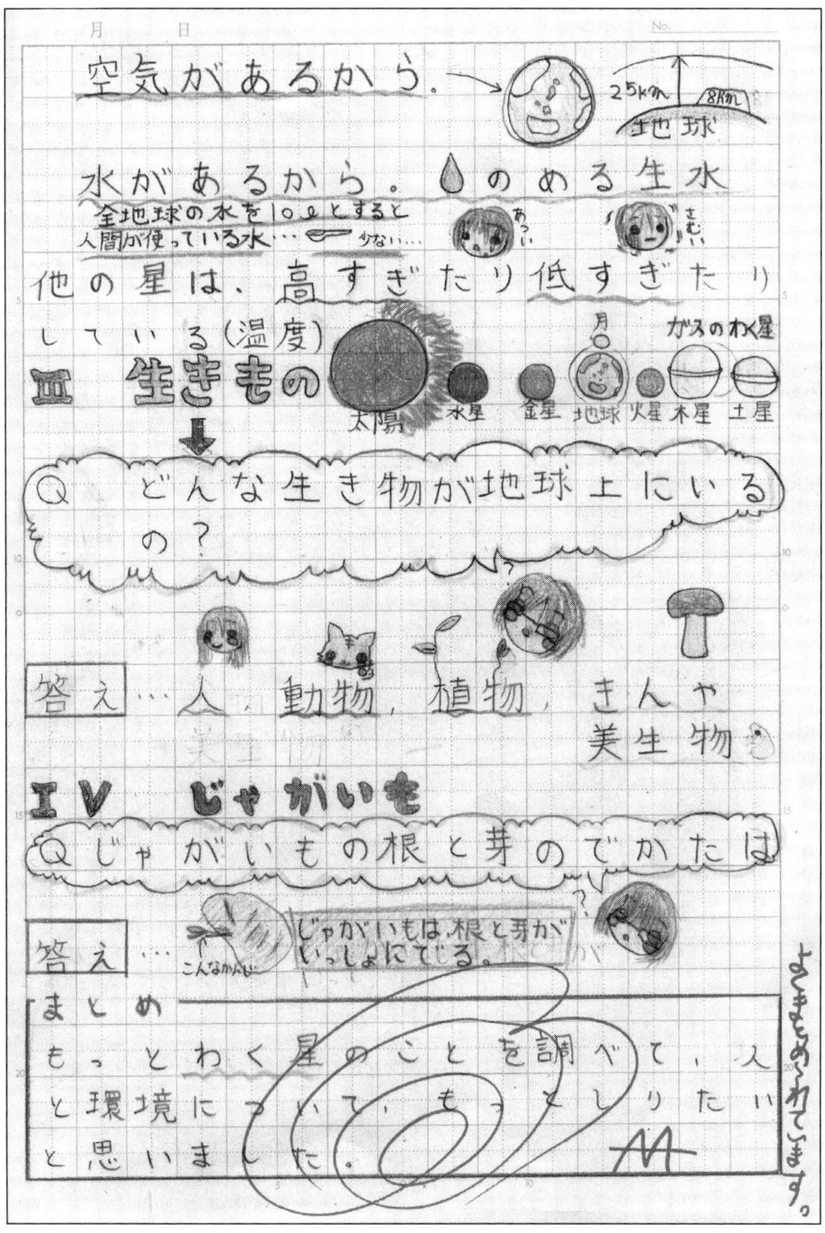
空気があるから。
25km
8km
地球
水があるから。
のめる生水
全地球の水を10ℓとすると
人間が使っている水…
少ない…
あつい
さむい
他の星は、高すぎたり低すぎたり
している(温度)
III 生きもの
月
ガスのわく星
太陽
水星
金星
地球
火星
木星
土星
Q どんな生き物が地球上にいるの?
答え…人、動物、植物、きんや
美生物
IV じゃがいも
Q じゃがいもの根と芽のでかたは
答え…
こんなかんじ
じゃがいもは根と芽がいっしょにでる。
まとめ
もっとわく星のことを調べて、人と環境について、もっとしりたいと思いました。
よくまとめられています。

Ⅱ ものの燃え方と空気

全部見せます 小6理科授業

Ⅱ　ものの燃え方と空気

単元の最初に，割箸を燃やす活動を行う。

空き缶の中に，折った割箸を入れる。マッチを使って，それを燃やす。普通にやると，失敗する。割箸はなかなか燃えない。

そこで，新聞紙を使おうということになる。新聞紙に火をつけて空き缶の中に入れれば燃えると考えるのである。

ところが，それでもうまく割箸は燃えない。空き缶の中の空気が足りないためだ。火はしばらくすると消える。

子どもたちは，考える。

「これは，少し頭を使わないといけないな。」

「どうやったら燃えるのかな。」

マッチの数は限定しておく。無策で挑むなら，マッチがなくなって終わりである。

このように，「割箸を燃やす」という目的をはっきりと示したうえで，実験方法を子どもに任せてみる。

目的がはっきりしていれば，横道にそれる子はあまりいない。子どもたちは，熱中して実験に取り組む。

最後に，「空気を送ればよい」ことを教える。

したじきや口で空気を送ってみる。すると，火はボッと大きくなって燃える。燃えるには，空気が必要だということが，実感として理解される。

こういった体験を大切にして，授業を組み立てた。

習得させたい知識

1　酸素にはものを燃やすはたらきがあること。
2　植物体が燃える時には，空気中の酸素が一部使われ，二酸化炭素ができること。
3　空気には，主に窒素，酸素，二酸化炭素が含まれていること。
4　ものが燃えると，燃えたものが変化すること。

習得させたい技能

1　ものの燃焼と空気の変化を，粒子のモデルで表現することができる。
2　石灰水を使って二酸化炭素の有無を調べることができる。
3　気体検知管や気体センサーを使って，空気の組成を調べることができる。
4　実験結果をもとに，空気の組成変化の原因を考察することができる。
5　マッチを安全に使用することができる。

※酸素をつくる場合は，「正しく酸素を発生させる実験を行う技能」と「酸素の集め方を正しくできる技能」の習得も意識する。

単元実施計画

時　間	学習内容と指導方法の重点
第１～２時	【習得】マッチを使って木を燃やそう
第３～４時	【習得】ろうそくの炎に瓶をかぶせるとどう燃えるか
第５時	【習得】空気の中でものを燃やすはたらきがあるのはどの気体か
第６～７時	【習得】ものが燃えたあとの空気はもとの空気と同じか
第８時	【活用】ものが燃えたあと酸素はどれぐらい減っているか
第９時	【探究】ものが燃えたあとの空気でものは燃えるか
第10時	【活用】学習したことをノートにまとめる

第1～2時

マッチを使って木を燃やそう

マッチの使い方を確認する

マッチの火をつける練習から始めた。

マッチの使い方の手順をノートに書きなさい。

「ええー。忘れたよー。」
「どうだったっけ⁉」
「私は覚えているよ。」
など，反応はさまざま。
「周りの人と相談しては……いけません。」
「ええ～⁉（ざわざわ）」
「でもこっそりノートや教科書を見るのはいいです。」
「やったあ。（やんちゃな子どもたちの声）」
マッチの使い方をノートに書かせている間に，私は，理科準備室からマッチをとってきた。
「では，これから先生がお手本を見せます。」
1つ1つ説明を入れながら，マッチで火をつけてみせた。
3回ほどやってみせた。
「今の先生のマッチの使い方を見て，もう一度マッチの使い方をノートに整理しなさい。」
ノートにマッチの使い方を書かせる時間を，もう一度とった。
「10秒マッチを持てたら合格です。先生がやってみますよ。1, 2, 3, 4, 5，6，7，8……。」
「あっ消えた！」
「今の火は弱くなりすぎました。どうやったら，ちょうどよい大きさの火で10秒間持てるでしょうか。何度でも挑戦してごらんなさい。」

1人ずつ何度も練習する子どもたち。
中には，20秒持っているすご腕の子もいた。

空き缶の中で割箸を燃やすにはどうするか？

「これから，空き缶（果物缶）の中で，木（割箸）を燃やしてもらいます。ただし……，マッチは班の人数の2倍しか使ってはいけません。いいですか。4人班ですから，8回しかマッチを使えません。普通にやると絶対に全滅します。」

確実に木を燃やすための戦略を，班で相談しなさい。

子どもたちが考えた「戦略」は次の通り。

・紙を使う。
・割箸の下の方に火をつけて，それから上に火を伝わせる。
・割箸をばらばらにして，小さくしたものを燃やす。
・空き缶を横にして，割箸を入れ，横から火をつける。
・マッチをいっきに4人分使う。大きな火で燃やす。

キャンプファイヤーの経験があれば，「空気を送る」ということがすぐに出るはずだと思っていた。
ところが，空気を送ると書いた班はいなかった。

燃焼実験を外で行う

学校の中庭のコンクリートのところで実験を行った。安全のために，バケツに水を用意しておく。
実験開始，10分後。なんと，ほとんどの班が，全滅。
1つの班だけ，成功した。この班だけが，途中で，風を缶の中に送り込めばよいことに気づいたのである。
手で風を送れば，十分に燃え広がる。ただし，火を下から送り込んだほうがよい。上からマッチを落としても燃え広がらない。成功の鍵を握るいちばんの要因は，「空気を送り込むこと」である。

成功した班の戦略を，失敗した班に紹介した。

「成功した班は，手で缶の中に，空気を送り込んでいました。手で空気を送れば，割箸は火を出して燃えるのです。もう一度，マッチはいくつ使ってもいいですから，実験してごらんなさい。」

もう一度実験をさせてみると，どの班も成功した。

理科室に帰ってまとめを書くように言った。

この日は，理科室を使用した最初の日だったので，片づけ方もきちんと指示。

「雑巾で机を拭きなさい。」

「椅子を整頓しなさい。」

「机の下のごみを拾います。」

「片づけ終わったら，先生のチェックを受けなさい。」

これで，理科室は，来た時よりきれいになる。

第3～4時

ろうそくの炎に瓶(びん)をかぶせるとどう燃えるか

ろうそくに火をつけて火を観察させる

「前回は，空き缶の中で木を燃やしました。今日は，ろうそくに火をつけて観察をしてもらいます。」

実験の目的を書かせた。

目的　ろうそくに火をつけて，火を観察しよう

「先生が一度やってみせます。」

粘土をひらべったく伸ばす。粘土の上にろうそくを差し込む。マッチで火をつける。マッチは，燃えかす入れに入れる。

「ここまでで必要な準備物をノートに書きなさい。」

今やったとおりなので，簡単に書くことができる。

ノートを書くのが大の苦手な，特別支援を要する子のために，私も準備物を板書した。

「準備物が書けた班から，ノートに書いた準備物だけを取りに来なさい。書いていない準備物を借りてはいけません。」

書き忘れるのが，「水」である。燃えかす入れに水を入れなくてはならない。

「実験を始める前に，やることがあります。この実験は『火』を使うのです。何をしておく必要がありますか。」

ノートや教科書類を片づけておく必要がある。

「準備ができた班から，ろうそくに火をつけなさい。火をつける人は，交代しながら全員でやります。」

マッチで火をつけるという機会を何度も保障していく。

集気瓶をかぶせて蓋をすると火はどうなるか

5分後に，「火を消しなさい。」と指示。さっと消した子をほめた。

ここで，「ろうそくの火は，消さないかぎりずっと燃え続けること」を確認しておく。次の実験で，火が消えるという現象に出会うためだ。

火が消えたのを，「ろうそくの寿命だ」と考える子もいる。「酸素が少なくなったので消えた」とは，考えないのである。

実験１　底を切った集気瓶をかぶせて，集気瓶に蓋をします。
火はどうなりますか。

次の３つから選ばせた。

途中で消える　……25人
小さく燃え続ける　……５人
そのままの大きさで燃え続ける　……０人

実験で確かめさせた。火は，しばらくして小さくなり，消える。

実験の時間を５分間とった。子どもたちは何度も何度も，ろうそくの火が消える様子を確かめていた。

火が消えた原因を考えさせる

なぜ，ろうそくの火は消えたのですか。
考えられる理由をノートに書きなさい。

これは，理科が苦手だという子が答えた。
「火が燃えるためには，空気が必要だからです。」
「そのとおり。前回の実験のまとめで，ものが燃えるためには，空気が必要だと言いました。空気が限られているところでは，ものは燃え続けることはできません。」

集気瓶の蓋を開けておくと火はどうなるか

実験２と実験３は，２ついっぺんに予想させた。

実験２　蓋を半分だけ開けます。
火はどうなりますか。

途中で消える　……　９人
小さく燃え続ける　……18人
そのままの大きさで燃え続ける　……　３人

実験３　蓋をしません。集気瓶の口を全て開けます。
火はどうなりますか。

途中で消える　……10人
小さく燃え続ける　……　０人
そのままの大きさで燃え続ける　……20人

実験で確かめさせた。
まずは「実験２」。火はすぐに小さくなった。が，そのまま燃え続け，１分後に，火が消えた。

「消えたー！」

何度も確かめる子どもたち。蓋を半分開けただけでは，何度やっても，1分を過ぎたあたりで消える。

ところが，蓋を全部開けた「実験3」は，そのままの火の大きさで燃え続ける。

火を燃やし続ける方法を考えさせる

実験4　蓋を半分開けていても，火は消えます。
蓋を半分したままで，火を燃やし続ける方法を考えなさい。

「下の粘土をとること」という案がすぐに出た。さっそく実験で確かめさせた。

下の粘土をとって上の蓋を半分開けておくと，ろうそくは燃え続ける。

かなり小さい隙間でも，上と下とが開いていると燃え続けることに，子どもたちは驚いていた。

「4つの実験から考えられることをノートに書きなさい。」

これも，理科が苦手な子が発表した。

「ものが燃え続けるには，新しい空気が必要です。」

「新しい空気が入り，古い空気が抜けるという，空気の流れができていれば，ものは燃え続けます。空気の流れを確認します。線香の煙で，空気の流れができていることを確認しなさい。」

線香の煙で空気の流れを感じるのは，ちょっと難しい。

私は班をまわっていって，どういうことなのかを説明していった。

「線香の煙が瓶の中に入っていく。そして出てきている。」ということを教えた。説明すると，「なるほど！」と納得する子が多かった。

「新しい空気が入り続け，古い空気が出て行く環境では，ものは燃え続ける。」とまとめた。

第5時

空気の中でものを燃やすはたらきがあるのはどの気体か

空気とは何か

「空気とは，いろいろな気体の混ざったものです。例えば，何の気体が混ざっているか知っていますか。」

「酸素」，「窒素」，「二酸化炭素」などがあることを説明した。

それぞれ，簡単にどんな気体なのかを説明をした。

酸素は空気中に21%含まれています。
では，残りの気体はどれぐらいの割合でしょうか。
予想してノートに書きなさい。

二酸化炭素の割合は，予想が分かれた。50%～1%までさまざまである。答えは，0.03%である。ほとんど含まれていないことがわかる。

窒素は，78%程度含まれていることを教えた。

ものを燃やすはたらきがある気体はどれか

この3つの気体の中で，ものを燃やすはたらきがあるのは，どれですか。
予想してノートに書きなさい。

酸素と答えた子が多かった。

全部燃えると考えた子はいなかった。

「これから，どの気体にものを燃やすはたらきがあるのかを調べます。」

水上置換を一度やってみせる。やってみせるだけでなく，考えさせながら教えた。

「水の中で，どうやって瓶に気体を入れたらいいと思う？」

こういうささいな知識も，一度軽く考えさせておけば，記憶に残りやすい。こう投げかけたあと，窒素だけ，水上置換をやってみせた。

窒素の中でろうそくの炎は燃えるでしょうか。

燃える　　　……12人
少し燃える　……　8人
燃えない　　……10人

ろうそくの火を集気瓶に入れた瞬間，パッと炎が消えた。

「窒素には，ものを燃やすはたらきはありません。」

「ええー。」と驚いている子が多かった。

今先生がやった実験方法を，図と言葉でノートに書きなさい。

「二酸化炭素と酸素は，各班で実験します。班の全員が実験方法を書けたら，実験を開始しなさい。」

道具は，全て子どもが用意する。私が用意していたのは，酸素と二酸化炭素の缶と，マッチである。あとは，子どもに用意させた。

酸素の中にろうそくの火を入れると，急に明るく燃え始める。それに子どもたちは驚いていた。

結果をノートに書かせたところで，授業を終了した。

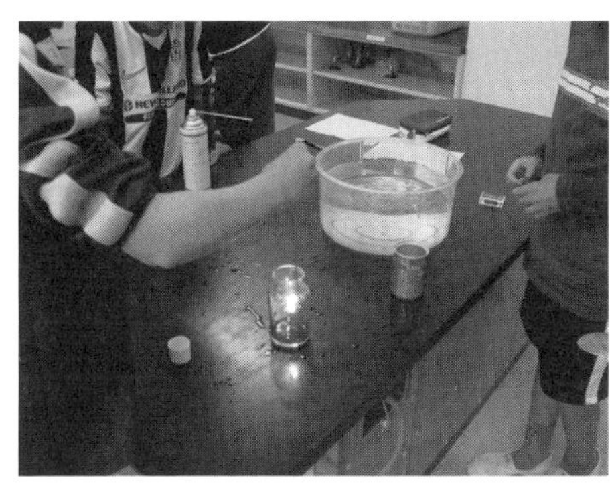

第6〜7時

ものが燃えたあとの空気はもとの空気と同じか

ものが燃えたあとの空気の組成を予想させる

「ものが燃えるには，〇〇が必要。」
あてはまる気体をノートに書きなさい。

「ものが燃えるには，酸素が必要。」

ものが燃えたあとの空気は，もとの空気と同じでしょうか。

子どもたちは，「もとの空気とは違った空気になっている」と考えていた。
「減る気体は何だと思いますか。」
「酸素？」
「増える気体は何だと思いますか。」
「二酸化炭素？」

石灰水を紹介する

「石灰水というものを使うと，二酸化炭素が増えたかどうかがわかります。石灰水は，二酸化炭素が増えると，白く濁るのです。」

ここで，石灰水を使ってみせた。

・小型ボンベから二酸化炭素を入れて，白く濁らせる。
・窒素を入れても，濁らない。
・酸素を入れても，濁らない。
・空気中で放っておくと，すこし表面が白くなる。

「なぜ空気でも白くなるのですか？」
「空気中にも，二酸化炭素が入っているからです。」

「石灰水は，水とは違って，害があります。手についたり目に入ったりしないように気をつけます。」

ものが燃えたあとの空気に二酸化炭素は増えるのか

密閉された瓶の中でろうそくを燃やします。
ものが燃えたあとの空気に，二酸化炭素が増えるかどうかを確かめます。

一度実験をやってみせた。

1　集気瓶に石灰水を入れて，密閉する。
2　燃焼さじをつかって，瓶の中でろうそくを燃やす。
3　火が消えたら，燃焼さじを瓶から取り出す。
4　石灰水の入った瓶をよく振る。
5　白く濁るかどうか確かめる。

実験をしてみせたあとに指示した。

今見た実験方法を，ノートに書きなさい。

「実験方法が書けた人は，準備物も書きなさい。ノートに書いていない準備物は使えません。」

子どもたちは，班で方法や準備物を相談していた。

準備ができた班から，実験を開始させた。

早々と実験が終わった班があったので，「次は割箸を燃やして試してごらん。」と指示した。

割箸も終わった班には，布をわたした。

結果と結論を分けて書かせる

ろうそくでも，木でも布でも，ものが燃えたあとは，二酸化炭素が増えていることがわかった。

「結果をノートに書きなさい。」
　ろうそく　……白く濁った。
　木　　　　……白く濁った。
　布　　　　……白く濁った。
「結論をノートに書きます。結論は，課題に対する答えです。」
「ろうそくや木，布を燃やすと，燃えたあとの空気には，二酸化炭素が増える。」
　このようにまとめさせた。

二酸化炭素の割合を予想させてから調べさせる

　最後に，次の発問をした。

> **二酸化炭素は，何%ぐらいに増えているでしょうか。**
> **予想してノートに書きなさい。**

　0.03%　→　ものが燃えたあと　○%？

　教科書を音読し，気体検知管の使い方を教えた。
　そのあとで，私がやってみせた。私がやったあとで，子どもにやらせてみせた。
　ものが燃えたあと，二酸化炭素は何%になったか？
　1%～3%の間という結果になった。

第8時

ものが燃えたあと酸素はどれぐらい減っているか

ものが燃えたあとの空気に酸素はどれぐらいあるか

「空気中の二酸化炭素の量は，だいたい0.03%です。ものが燃えたあと，二酸化炭素の量はいくらになりましたか。」

1～3%である。

黒板に「0.03%→3%」と書いた。

「何倍になっていますか。」

「100倍です。」

「今日は，ものが燃えたあとの空気に，酸素がどれぐらいあるのかを調べます。」

瓶の中でろうそくが燃え，火が消えたあと，酸素は何%になっていると思いますか。

子どもの予想は次の通り。

・二酸化炭素とは逆に，100分の1になって，0.21%。
・二酸化炭素は3%増えたので，酸素は3%減る。つまり，18%になる。
・火が消えるまで燃えたので，酸素を使い果たして0%になる。
・火を燃やすのに酸素を少し使って，10%になる。

実験に慣れてきた子どもたち

気体検知管の使い方をもう一度，やってみせた。

「先生がやったとおり，実験方法を書きなさい。」

実験方法を書くのも，ずいぶん慣れてきた。教師の演示実験を見る目が違う。あとでノートに書けるように，覚えようとして見ている。

「方法が書けた人は，準備物を書きなさい。」

書けた班からノートを持ってこさせた。

実験開始。全員が机の上を片づけてから実験を始めている。

各班の結果を共有させる

「実験が終わった班は，結果を書きなさい。」

できた班から，黒板に何%の結果になったのかを書かせるとよい。

多くの班が，16～17%になった。

次のようにまとめた。

酸素　　　　21%　→　ものが燃えたあと　17%
二酸化炭素　0.03%　→　ものが燃えたあと　3%

モデル図の登場

ここで，モデル図で酸素と二酸化炭素の割合の変化を表した。

赤の粒は酸素，青の粒は二酸化炭素，といった具合に粒で割合の変化を示したのである。

このように，気体が粒で表せるということは，教師が教えないと子どもはイメージできない。

子どもの疑問を確認する

「今日の実験をして，気づいたことやわかったこと，疑問などを書きなさい。」

・酸素が少し減っただけなのに，火が消えたのはなぜだろう。
・酸素が減った分だけ，二酸化炭素が増えている。
・燃えたあとも，酸素のほうが二酸化炭素より多い。
・ものを燃やすには，酸素を使っている。
・窒素は減るのか？　増えるのか？
・酸素が意外と減っていないのはなぜか。

第9時

ものが燃えたあとの空気でものは燃えるか

正解者はたったの2名

ものが燃えたあとの空気の中で，ろうそくの火は燃えるでしょうか。
次の中から選びなさい。

そのまま燃え続ける ……0人
しばらく(5秒ぐらい)燃えて消える ……25人
すぐ(1秒ぐらいで)消える ……2人
小さい火で燃える ……4人
その他

「そう考えた理由をノートに書きなさい。」

酸素が17%もあるのだから，火はまだ燃えると考えている子が多かった。

すぐ消えると考えていた子は，前のろうそくの火が消えたあとの空気なのだからもう火は燃えないのではないか，と考えていた。

教師実験で確認した。息をのむ子どもたち。

一度，集気瓶の中でろうそくを燃やす。10秒ほどして火は消える。さっと取り出して，蓋をする。もう一度，火のついたろうそくを集気瓶に入れる。するとどうなったか。

なんと，火は，あっという間に消える。1秒もたたないうちに消えるのである。「うそー！」と子どもたちはどよめいていた。

なんと，正解者はたったの2名。

酸素が17%もあるのに燃えないのはなぜか

さて，自信のある多くの子が不正解になったところで，「なぜ火は燃えないのか？」という疑問が，強く子どもの頭に浮かび上がってきた。

なぜ，酸素が17%もあるのに，火が消えたのですか。
考えられる理由をノートに書きなさい。

いくつかの説が出た。

「ものが燃えたあとの酸素は，使えない酸素になる。あ，でも，だったら，地球上の酸素という酸素が，使えない酸素になるから，ちょっとおかしいかな……。」

有力な説が出た。賛成意見が多かったのが次である。

「二酸化炭素が火を消す役割をしたのではないか。酸素と二酸化炭素の差が縮まったことで，ものが燃えなくなったのだ。」

⑥子どもの疑問を解決するための人工空気をつくる

そこで，次の問題を出した。

> **酸素 50%，二酸化炭素 50%の空気をつくります。**
> **この中でものが燃えるでしょうか？**

燃える　　　　……　3人
小さく燃える　……　1人
すぐ消える　　……26人
すごく燃える　……　1人
その他　　　　……　0人

消えると考えていた子が多かった。すなわち，酸素と二酸化炭素の差が大きくないとものが燃えないという説と，二酸化炭素が多いところではものが燃えないという説を信じていた子が多かったのである。

水上置換で集気瓶に酸素と二酸化炭素を半分ずつ入れた。

結果はどうなったか。

なんと，ろうそくの火は，ひときわ明るくなって燃えた。

「うそでしょ !?」

今度の正解者は，なんと1人。

「これらの実験から言えることは何か？」と聞いた。

二酸化炭素は，火を消す役割をもつというのはまちがいであることがわかった。

また，酸素と二酸化炭素の差がものを燃やすはたらきに関係しているという説もまちがいであることがわかった。

これらの実験から言えることは，「酸素が 21％より多ければものが燃えて，17％だとものが燃えない」ということだった。

避難訓練の時に窓を閉めるのは，「酸素が少なくなると燃えにくくなるから」と説明した。17％もあっても，ものが燃えないのだ。「なるほど。」と納得していた子が多かった。

第10時

学習したことをノートにまとめる

評価の観点を説明する

理科ノートまとめを行った。

「前回『A』の評価をとった人がたくさんいました。今回もがんばってください。」

このようにほめることで，モチベーションを上げていく。

評価の観点も言った。

・丁寧に書けている。

・絵や図が使われている。

・詳しい。

特別支援を要する子のために，私がお手本を黒板に書いた。それを，必死になって写していた。視写することで，書くスピードも上がっていく。1時間で，ぎっしりノートに文章と図を書くことができた。

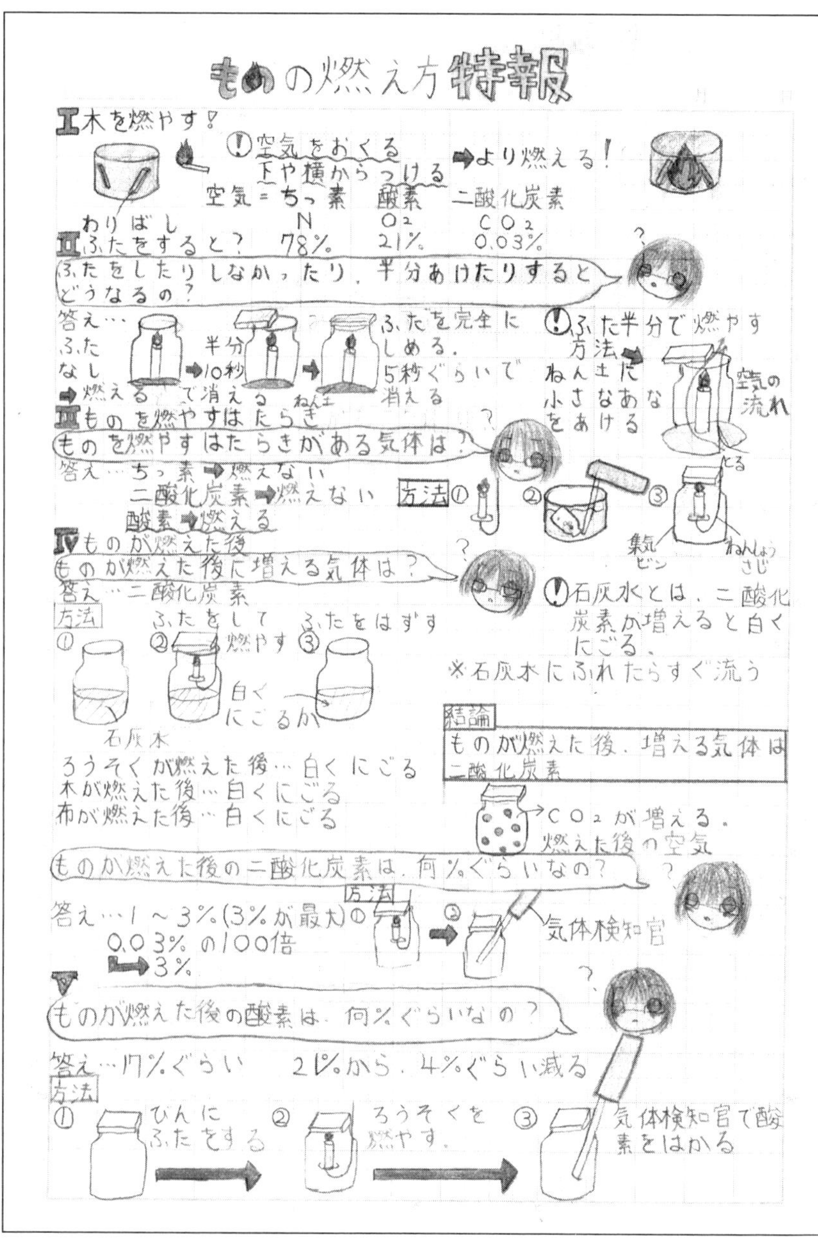
ものの燃え方特報
I 木を燃やす！
①空気をおくる
下や横からつける
➡より燃える！
わりばし
空気＝ちっ素 酸素 二酸化炭素
N O2 CO2
II ふたをすると？ 78% 21% 0.03%
ふたをしたりしなかったり、半分あけたりするとどうなるの？
答え…
ふたなし
➡燃える
半分
➡10秒で消える
ふたを完全にしめる。
5秒ぐらいで消える
ねんど
①ふた半分で燃やす方法
ねん土に小さなあなをあける
空気の流れ
III ものを燃やすはたらき
ものを燃やすはたらきがある気体は？
答え…ちっ素➡燃えない
二酸化炭素➡燃えない
酸素➡燃える
方法 ① ② ③
とる
集気ビン
ねんしょうさじ
IV ものが燃えた後
ものが燃えた後に増える気体は？
答え…二酸化炭素
方法
ふたをして燃やす
ふたをはずす
白くにごるか
石灰水
①石灰水とは、二酸化炭素が増えると白くにごる。
※石灰水にふれたらすぐ流う
ろうそくが燃えた後…白くにごる
木が燃えた後…白くにごる
布が燃えた後…白くにごる
結論
ものが燃えた後、増える気体は二酸化炭素
CO2が増える。
燃えた後の空気
ものが燃えた後の二酸化炭素は、何%ぐらいなの？
方法
答え…1〜3%（3%が最大）
0.03%の100倍
➡3%
気体検知官
V
ものが燃えた後の酸素は、何%ぐらいなの？
答え…17%ぐらい 21%から、4%ぐらい減る
方法
① びんにふたをする
② ろうそくを燃やす。
③ 気体検知官で酸素をはかる

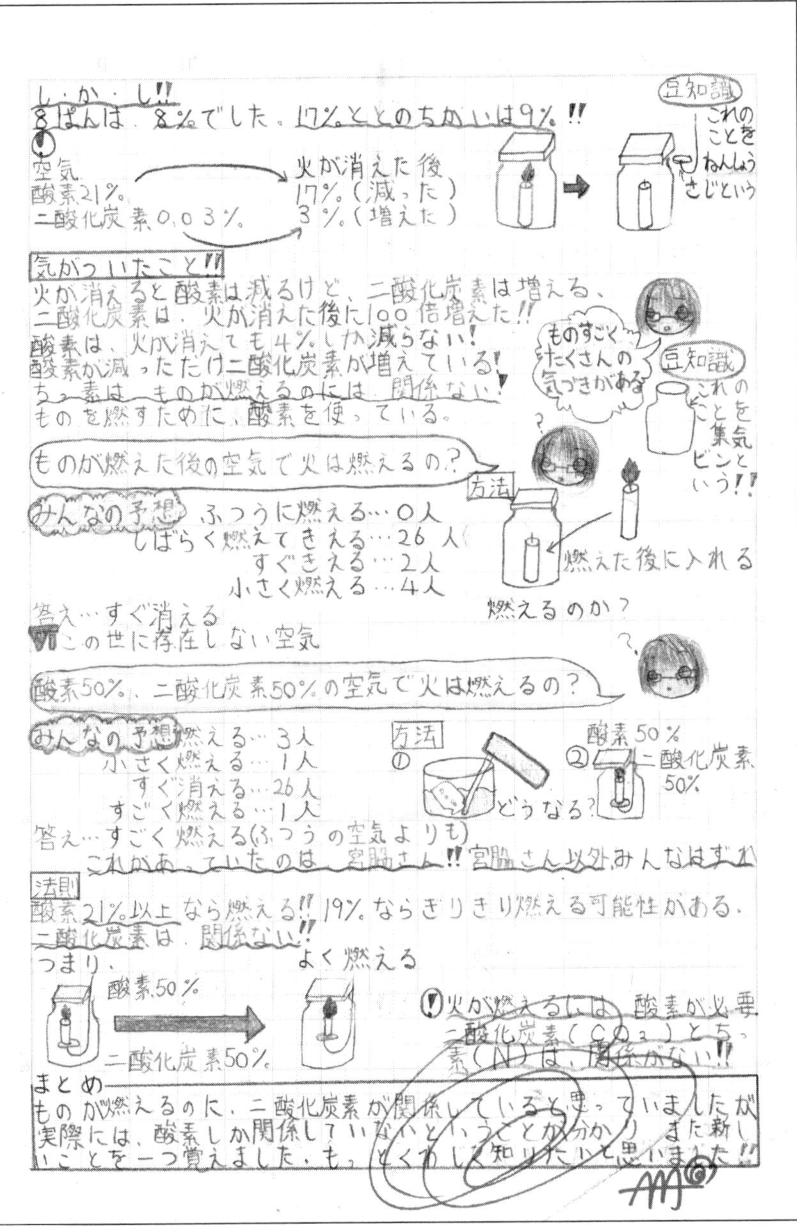
し・か・し!!
8ぱんは、8%でした。17%とのちがいは9%!!
空気
酸素21%。
二酸化炭素0.03%。
火が消えた後
17%。(減った)
3%。(増えた)
豆知識
これのことをねんしょうさじという
気がついたこと!!
火が消えると酸素は減るけど、二酸化炭素は増える、
二酸化炭素は、火が消えた後に100倍増えた!!
酸素は、火が消えても4%しか減らない!
酸素が減っただけ二酸化炭素が増えている!
ちっ素は、ものが燃えるのには、関係ない!
ものを燃すために、酸素を使っている。

豆知識
これのことを集気ビンという!!
ものが燃えた後の空気で火は燃えるの?
方法
燃えた後に入れる
燃えるのか?
みんなの予想 ふつうに燃える…0人
しばらく燃えてきえる…26人
すぐきえる…2人
小さく燃える…4人
答え…すぐ消える
この世に存在しない空気
酸素50%、二酸化炭素50%の空気で火は燃えるの?
みんなの予想 燃える…3人
小さく燃える…1人
すぐ消える…26人
すごく燃える…1人
方法
①
どうなる?
② 酸素50% 二酸化炭素50%
答え…すごく燃える(ふつうの空気よりも)
これがあっていたのは、宮脇さん!! 宮脇さん以外みんなはずれ
法則
酸素21%以上なら燃える!! 19%ならぎりぎり燃える可能性がある。
二酸化炭素は、関係ない!!
つまり、
酸素50%
二酸化炭素50%
よく燃える
火が燃えるには、酸素が必要。
二酸化炭素(CO_2)とちっ素(N)は、関係がない!!
まとめ
ものが燃えるのに、二酸化炭素が関係していると思っていましたが実際には、酸素しか関係していないということが分かり、また新しいことを一つ覚えました。もっとくわしく知りたいと思いました!!

動物のからだのはたらき

全部見せます 小6理科授業

Ⅲ　動物のからだのはたらき

教室には，特別支援を必要とする子がいる。

ノートをとることが苦手な子。複雑な実験手順だと，混乱する子。さまざまな特性をもった子が，複数いるのが普通である。

また，発達障害がなくても，勉強が苦手だという子もいる。クラスによっては，勉強の苦手な子が極端に多いという場合もある。

このような場合，私が心がけていることは１つである。

「一つずつ教えて，授業をシンプルにすること」

シンプルな授業だと，どの子も，授業についてこられる。できる子にとっても，シンプルな授業は心地よく感じる。

例えば，「実験は１つに絞る」のが大原則だ。教科書によっては，２つの方法で調べてみようとなっている。子どもが混乱するだけである。

授業をシンプルにしたうえで，次の２点にこだわるようにしている。

・できるだけ実物に触れる機会を保障する

・実験は，全員が行う

例えば，唾液を使って，でんぷんを溶かす実験。

これも，ストロー全員分，試験管全員分を用意する。実際に自分でやってみることで，わかることもある。

シンプルな授業と，実物と，１人１実験の保障。

こうして，子どもたちは理科が好きになっていく。

習得させたい知識

1 人や動物は，酸素を取り入れ，二酸化炭素を出していること。
2 食べ物は，口，胃，腸などを通るあいだに消化されること。
3 食べ物は，口，胃，腸などを通るあいだに吸収されること。
4 食べ物で，からだに吸収されなかったものは，排出されること。
5 血液は，心臓のはたらきで全身を巡っていること。
6 血液は，養分，酸素及び二酸化炭素を運んでいること。
7 体内には，生命活動を維持するためのさまざまな臓器があること。

習得させたい技能

1 映像を見て大切な情報をメモすることができる。
2 気体検知管や気体センサーを正しく使用することができる。
3 ヨウ素液を使って，でんぷんの有無を調べることができる。
4 変える条件と変えない条件を制御して，実験を行うことができる。
5 1つ1つの臓器のはたらきだけでなく，体全体のつくりやはたらきも考えるなど，部分だけでなく全体にも目を向けることができる。

単元実施計画

時　間	学習内容と指導方法の重点
第1時	【習得】動物が生きるために何を取り入れなくてはならないか
第2時	【習得】吐き出した空気は最初の空気とどう違うか
第3時	【習得】吸った空気は体のどこに入るのか
第4時	【習得】食べ物のゆくえを調べる
第5時	【習得】食べ物の消化を調べる
第6時	【活用】消化のはたらきをまとめる
第7時	【習得】心臓のはたらきを調べる
第8時	【習得】肝臓と腎臓のはたらきを知る
第9時	【活用】学習したことをノートにまとめる

第１時

動物が生きるために何を取り入れなくてはならないか

言葉の定義を考えさせる

「動物のからだのはたらきを学習していきます。」

動物とは何ですか。意味を考えて，ノートに書きなさい。

・動くもの
・命のあるもの
・足のあるもの
・何かを食べたり呼吸をしたりするもの
・地面の上にいる生き物
・自分の意思で動く生き物

どれに賛成ですか。手をあげてもらいます。

理由も，簡単に言わせた。
「辞書で調べなさい。」
次のような意味が載っていた。
「生き物のうち，自分の意思で食べたり呼吸したり，動いたりするもの。」

動物には，どんなものがいますか。

「魚，犬，鳥など。」
「人は入りますか，入りませんか。昆虫は入りますか，入りませんか。」
人も昆虫も，「動物」である。

単元で学習する内容を概説する

動物が生きるために，体に取り入れているものがあります。3つです。何ですか。

これは，すぐに子どもが発表した。「空気（酸素）」「水」「食べ物」の3つである。
「最初に勉強するのは，空気です。」

動物は空気中の何が必要なのか

「人が生きていくには，空気が必要です。空気の中の酸素をとらないといけないのです。では，犬に酸素は必要ですか。必要だと思ったら○をノートに書きなさい。」
同じように，次の動物についても，尋ねていく。
「ネコは？　鳥は？　ヘビは？　カエルは？　魚は？　昆虫は？」
魚に酸素はいるのかどうか，で問題となった。
また，昆虫は呼吸をしているのかどうかで，意見が分かれた。昆虫も呼吸をして，酸素を取り入れていることを教えた。

吐いた息は最初の空気と違うのか

人間が狭い密室に入ったとします。空気の出入りはありません。
空気はあります。が，空気の出入りはありません。
これは，生きられるでしょうか。

子どもたちは無理だと答えた。
理由を尋ねると，「酸素がなくなるから。」と答えが返ってきた。

人間が吐く息は，空気と違うのでしょうか。
違うと思う人？　一緒だと思う人？

全員が違うと答えた。

「では，自分の息が空気と違うかどうか，ちょっと調べてみなさい。」

子どもたちは，息を手に集めて，においをかいだり，温かさを感じたり，空気の新鮮さを確かめたりしている。

「やっぱり違うようだ。」

「よく，違いがわからない……。」

実験前に結果を予想させる

違うかどうか，どうやったらはっきりわかりますか。

「気体検知管を使えばいい。」

口から吐いた空気は，どれぐらいの酸素がありますか。
予想してノートに書きなさい。

・酸素　　　　　21％　→　○％
・二酸化炭素　0.03％　→　○％

窒素の割合も問題となった。

実は，窒素は変わらない。これは教えればよい。

「窒素は，人の呼吸には関係ないのです。人は窒素を取り入れているわけではないのです。」

第2時

吐き出した空気は最初の空気とどう違うか

実験はシンプルに1つに絞って行う

教科書を音読した。「吐き出した空気は，吸う空気とどのように違うか」を調べる実験である。

教科書によっては，説明が多いものもある。一読して，ややこしく思える。理由は，石灰水と気体検知管の両方を使って調べているからだ。

ここは，気体検知管だけを使って調べさせればよい。二酸化炭素が増えるかどうかもわからないのに，石灰水が唐突に出てくるので，できない子は混乱する。

実験はシンプルなうえにもシンプルなほうがよい。

1 袋に息を吹き込む。
2 気体検知管で袋の中の息を取り込む。
3 めもりを読む。

実験ノートの書き方を確認する

「実験ノート。最初に何を書きますか。」
「課題です。」

課題　吐き出した空気は吸う空気とどのように違うか

「次に何を書きますか。」
「方法です。」
「方法まで書けた人は，前に来なさい。」

気体検知管の使い方を，念のため，もう一度私がやってみせた。

理科室の空気を，気体検知管で調べてみせた。

「実験に必要な準備物を書きなさい。」
「準備物の次に，何を書きますか。」
「予想です。」

酸素　21％ → ？％
二酸化炭素　0.03％ → ？％

酸素が少し減って，二酸化炭素が少し増えると考えた子が多かった。

中には，酸素が0%に近づくと考えていた子もいた。
予想ができた人から実験を始めさせた。

各班の結果を全員で共有し平均をとる

実験が終わった班から，「結果」を黒板に書かせた。
結果は，平均すると，酸素18%，二酸化炭素2～3%となった。
「気づいたことを箇条書きにしなさい。」

・ものが燃えたあとの空気の割合とほとんど同じだった。
・酸素が減った分だけ，二酸化炭素が増えた。
・水滴がついたので，息には水がある。

「最後に何を書くのですか。」
「結論です。」
「結論は，何に対する結論を書くのですか。」
「課題です。」
結論を次のように書いた。
「人が吸って吐いた息は，最初の空気よりも，二酸化炭素が増えて，酸素が減る。」

第3時

吸った空気は体のどこに入るのか

実感を伴う活動を入れながら教えていく

吸った空気は，体のどのあたりに入りますか。
息を大きく吸って膨らむところを探してごらんなさい。

実際に空気を吸うと胸が膨らむ感じをつかませる。
「吸った空気は，体のどこに入りますか。」
「肺です。」

教科書の絵を見せながら尋ねていく

「肺は，いくつありますか。」

大きく2つの袋があることを教えた。ここで，肺の絵を描いた。

「空気は，どこから体に入りますか。」

鼻と口である。

「鼻と口から入った空気は，どこを通って肺にいきますか。」

まず喉を通り，次に気管を通ることを，絵を描いて説明した。

気管は2つに分かれる。気管支と呼ばれる。

その先に肺がある。

「みんなが息を吸っているのは，体に何を取り入れるためですか。」

「酸素」である。

「みんなが息を吐き出す時，体から何を出しているのですか。」

「二酸化炭素」である。

グラフを視写させることでグラフに慣れさせていく

「教科書に，帯グラフがあります。タイトルは何ですか。」

「吸う前の空気と吐き出した空気の変化」である。

「帯グラフをそっくりそのまま写しなさい。」

時間が余っていた子には，色をぬらせた。

こういう視写の作業を，ADHDの子は，喜んで行う。おそらく，やることがはっきりしているためだろう。

「吐いた空気に含まれる酸素は，何％ぐらいになりましたか。」

「18％です。」

「二酸化炭素は，3％ですね。」

ビデオを見せる時に大切なのは「メモ」させること

肺は，どのように酸素を体に取り入れて，二酸化炭素を出しているのでしょうか。動画で確認します。

5分程度の動画を使用した。

何か大切なことがわかったら，メモをとりなさい。

「例えば，肺の大きさは○ cm ですとか，そういう数字が出てきたら，メモをとるといいですね。また，わからない言葉や重要な言葉があったら，それもメモをとるといいです。」

メモは箇条書きにさせるとよい。

例えば，ある子は，次のようなメモをしていた。

- 呼吸（空気の通り道）
- 食べ物を食べると，蓋がされる。
- 肺ほう 0.2mm。
- 気管支が２つある。
- 肺ほうは，３億個ある。
- 肺ほうを全部広げると，$35m^2$ ある。
- 赤血球。（酸素を食べて，二酸化炭素を出している。）
- 毛細血管。
- エネルギー。
- 血液が酸素を運んでいる。
- 息を入れると，豚の肺が膨らむ。吐くとしぼむ。

ビデオを見せたあとに，質問に答える

わからない言葉がいくつか出てきた。「肺ほう」，「赤血球」などである。

ただ，一度，図を描いて肺周辺の名称を確認しているので，ビデオを見ていて混乱はなかった。あらかじめ図で説明をしておいてから，メインとなる説明のビデオや図を示すようにすると，子どもにとって理解しやすいのである。予備知識が，頭にあるからだ。

「わからないことや質問はありませんか。」

「毛細血管」，「赤血球」，「肺ほう」の意味が難しかったと，質問が出た。意味を簡単に説明した。

また，「肺ほうを全て広げると，35m^2 にもなるのが不思議だ。どうしてそうなるの？」という質問も出た。

そこで，次のように説明した。

「35m^2 というと，6m 四方の正方形ぐらいの大きさです。○○くん，○○くん,○○さん立ちなさい。先生を含め,4人で立っているところが,35m^2 というぐらいの大きさです。

どうしてこんなに大きく広がるのでしょうか？」

「肺ほうがたくさんあるから？」と意見が出た。

ビデオでは，3億個あると言われていた。その全てを平らにすると，とても広いものになるのだと説明した。

実感を伴った理解をさせる工夫

最後に，ブタの肺に息を吹き込むと，大きく膨れる動画を見せた。

「おお～！」と声があがる。

「みんなも息を吸ってごらん。」

今度は，肺が膨れる様子がもっと強くイメージできる。

「みんなの肺は，これぐらいの大きさです。」

実物の肺と同じ大きさの肺が印刷された「プリント」を配布する。

「体につけてごらんなさい。お隣さんと見合います。」

実際につけてみると，大きさが実感としてわかる。

授業の最後に，魚など，他の動物の呼吸の仕方を紹介した。

第4時

食べ物のゆくえを調べる

食べ物の通り道だけを確認する

「食べ物の通り道を考えていきます。どこで食べ物を取り入れますか。」

「口です。」

「食べ物は口から入ります。口の次にどこを通りますか。」

「喉です。」
「喉を越えると，まっすぐな細長い道があります。それは食道と呼ばれる道です。食道を越えると広い部屋に出ます。何という名前で呼ばれていますか。」
「胃です。」
「胃をすぎると，太い腸があります。これを十二指腸と呼びます。さらに，小腸を越えて，大腸にいき，肛門からうんちとして出ていきます。」
ここまでを黒板に順にスケッチをしていった。教科書の絵を，そのままスケッチしたのである。
食べ物の通り道だけを描く。「口→食道→胃→小腸→大腸→こう門」である。

食べ物の栄養をどう吸収しているのか

みんなの体は，食べ物の栄養を吸収しています。
食べ物は，そのままの形で体に吸収されるのでしょうか。
そのままの形で体に吸収されると思う人？
別の形になると思う人？

「口の中では，歯で，小さくなります。他の場所では，食べ物を溶かす液が出ています。」

食べ物は，体のどこで溶かしているのでしょうか。
先ほど描いた絵で，溶かすはたらきがありそうなところに○をつけなさい。

「ビデオで確認します。大切な言葉はメモをとっておきましょう。」
体のどの部分で溶かすのかを説明したビデオである。「唾液」にものを溶かすはたらきがあることに，子どもたちは驚いていた。
胃や十二指腸でも，溶かす液が出ていることがわかった。

子どもは，次のようなメモをとっていた。

・食べ物の通り道をまっすぐにすると，8m ぐらいに伸びる。

・小腸のひだをすべて伸ばすと，150m^2 になる。

「お米はお米のまま血液にいきません。消化されるのです。別のものに変わるのです。次の時間に，みんなの唾液が，お米を別のものに変えていくはたらきがあることを実験で確かめます。」

第5時

食べ物の消化を調べる

前回学習したことを確認する

「食べ物を別のものに溶かすことを消化といいます。」

食べ物を消化する液で，食べ物を溶かしているのは，体のどの部分ですか。

答えは，「十二指腸」，「口」，「胃」，「小腸」である。

「口からは，何の液体が出るのでしたか。」

唾液である。

「今日は，唾液が食べ物を溶かすはたらきがあるのかどうかを調べます。」

条件統一を意識させる

教科書を音読した。

いつものように「課題」から確認した。

課題　でんぷんが，唾液によって，変化するか調べよう

「前に集まりなさい。」

実験を一度やってみせた。

次に，条件の統一を確認した。

「唾液を入れた試験管を，体温に近い40℃のお湯で温めます。唾液がでんぷんを溶かすはたらきを強くするためです。では，唾液を入れないほうは40℃のお湯で温めるのですか。」

答えは，「温める」である。

「なぜ，唾液を入れないほうも温めなくてはならないのですか。」

答えは，「条件の統一のため」である。

「お米の白い液には，でんぷんが含まれているので，ヨウ素液を入れると，青紫色になります。」

これは私がやってみせた。

唾液を入れる実験は，1人1実験でやらせる。全員に，1つの試験管とストローを配る。

ストローは，直径1cmぐらいの比較的大きなものを使用した。このほうが唾液を入れやすい。

待ち時間の空白をなくすための工夫

「実験方法と，準備物をノートに書きなさい。」

「ノートが書けた班から，ノートを見せにいらっしゃい。」

私が確認したのは，準備物。ほとんどの子が忘れていたのは，「試験管立て」である。子どもにとって，これが盲点であった。

お湯は，理科室の水道から出る。

ヨウ素液は，冷蔵庫に保管してある。

唾液を入れた試験管を，40℃のお湯で10分間温める。

その10分間の間に，実験結果の予想を書かせる。早く書けた人は，実験ノートに，実験道具の絵を描いたり，手順の絵を描かせたりする。空白の時間が起こらないようにするためである。

結果，気づいたこと，結論の3つを書かせる

唾液をたっぷり入れていた子は，大成功だった。

ヨウ素液を入れても，まったくといっていいほど色が変わらない。透明のままである。

気づいたことを書かせた。

・唾液をたくさん入れたら，透明。

・少しだけ入れた人は，薄い紫色がついた。

・唾液を入れないものは，濃い青紫色になった。

結論は，「唾液によって，でんぷんは違うものに変化する。」のように書かせた。

第6時

消化のはたらきをまとめる

大切な言葉は何度も確認する

「消化」の定義を確認した。消化とは，「食べ物を溶かしたり，からだに吸収されやすいものに変えたりすること」をいう。

「体の中で，食べ物を消化している部分はどこでしたか。」

口，胃，十二指腸，小腸である。

「食べ物を消化する液を消化液と言います。口には，何という消化液が出ていましたか。」

「唾液。」

「胃は？」

「胃液。」

「十二指腸は？」

「すい液と胆汁。」

「食べ物の栄養を体の中に取り入れることを，何といいますか。」

答えは「吸収」である。

「栄養を吸収しているのは，主に体のどの部分だと思いますか。」

答えは，「小腸」。

「小腸の長さはどれぐらいだと思いますか。」

以前ビデオを見た時には，消化管の長さは，だいたい 8m ぐらいと言っていた。この情報から推定できる。だいたい 5 ～ 6m ぐらいであることを教える。

腸の特徴に気づかせる

「小腸のつくりを教科書で確認しなさい。」

小腸の内側は，ひだになっている。

ひだになっていると，吸収の時にどんなよいことがありますか。

前に見たビデオでは，小腸のひだに，さらに小さなひだがあって，細かいひだで覆われており，ひだを全部伸ばすと，150m^2 になると言っていた。

吸収面が広いほうが，吸収にメリットがあることがわかる。

豚の小腸で確認させる

「今日はいいものを持ってきました。」

「えっ⁉」

「なになに？」

「まさか……。」

「人間の小腸をもってくるわけにはいかないので，代わりに，豚の小腸を持ってきました。精肉店で買ったものです。焼いて食べることのできる，安全な肉です。きれいに洗ってくれています。」

ここで，豚 1 頭の小腸をまるごと見せた。1.8kgで 1800 円である。

「でも，見せたら気分が悪くなったり，倒れたりする人もいるかもしれないので，やっぱり見せるのはやめようかな……。」

やんちゃな子は「見る！　見る！」の大合唱である。

「班の人に，内臓を見て気分が悪くなるような人がいないかどうかきいてごらん。」

「絶対だいじょうぶな人？」

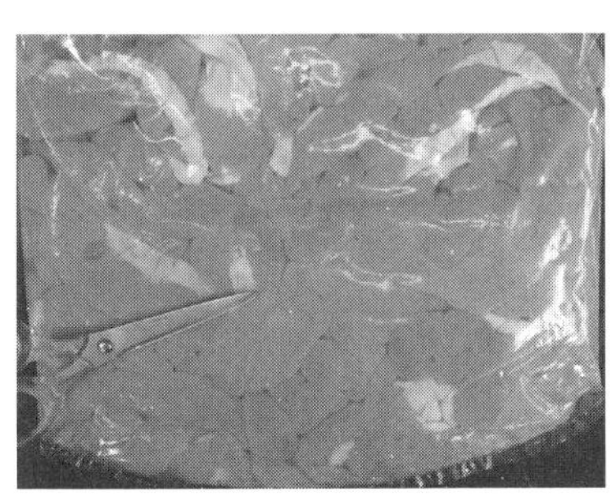

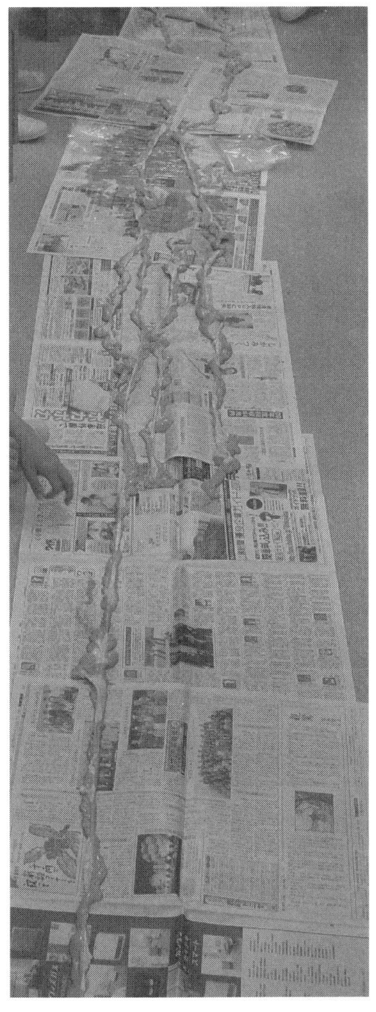

やんちゃな男子が手をあげる。

「まあ，だいじょうぶかなー，という人？」

女子が手を上げる。

「やばいかもという人？」

これは，やんちゃな男子が３人手をあげた。

「まあ，男子だけなので，見せます。」と言うと，歓声があがった。

「よっしゃー！」

ここで，安全面を注意した。

「この肉は，家に持って帰って先生が食べます。だから，触らないでください。」

触る場合は，ビニール手袋を使用させるとよい。この肉は，精肉店の人が，「触ってもだいじょうぶ」と言ってくれていた。が，寄生虫などがいるといけないので，慎重に扱うようにする。

まずは，袋に入れた状態で，観察させた。小腸には，筋が入っているように見える。

次に，床に新聞紙を敷いて，どれぐらいの長さなのかを測った。

「うわ〜気持ち悪いな！」

「食べたい！」

「てかてか光っている！」

など，反応はさまざま。

全長9m もあった。

気づいたことをノートに書かせた。

「やわらかい」，「ぬるぬるしている」，「冷たい」，「臭い」など。やはり実物があると，インパクトが大きい。

最後に，はさみで切って中身を少しだけ観察した。小腸のホルモンを焼肉で食べたことのある子は，「こういうの見たことある！」と言っていた。

「次の時間は，心臓の学習です。」

やんちゃな子が，「焼肉でハツを頼めば心臓の勉強になるよ！」と叫んでいた。

第７時

心臓のはたらきを調べる

血液の流れを意識させる

「心臓はどこにありますか。体のどこか手で押さえてごらんなさい。」
「心臓の位置はどこか，教科書で確認しなさい。」

心臓は何をするところですか。

「血液を送るところ」である。

「血液を送るのは心臓です。では，血液が流れているところを何と言いますか。」

「血管」である。

「血液は，血管を流れています。体を見て血管を探しなさい。てのひらが見やすいですね。」

こう言うと，手を探し始めた。

「今もどくどくと血液が流れています。」

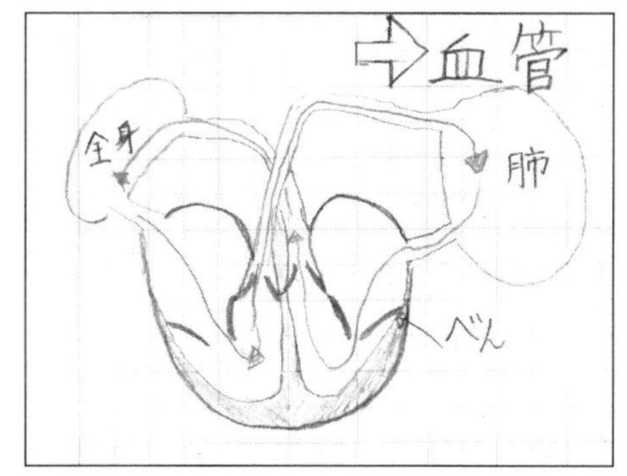

シンプルな絵で心臓のはたらきを教える

黒板に心臓の絵を描いた。

かなり簡略化して書いた。

細かな情報は，あとで教科書で確認すればよい。

次の点を説明した。

- 心臓は４つの部屋に分かれていること。
- 肺に血液が送られる方と，全身に血液が送られる方とに分かれていること。
- 弁があること。

血液は，どちらの向きに流れていますか。
向きを絵に描いてごらんなさい。

弁の向きを見て，子どもたちは判断できた。ほとんどの子が正解。

「心臓は，休む間がなく，どく，どくと血液を送っています。」

脈を探させる

「血液には何が含まれていましたか。」

「栄養と酸素」である。

「血液を全身に送るのはとても大切なはたらきなのです。

心臓がどれぐらいの速さで，血液を全身に送っているかは，脈を探せばわかります。脈は，血管の中でぴくぴくと動いているところです。手首にあります，探してごらんなさい。首にもあります。探してごらんなさい。」

首のほうが見つけやすいという子もいた。

「15秒間で何回ほど脈を打つのか，つまり心臓が何回血液を送っているのかを数えます。」

15～20回という子が多かった。

4倍すれば，1分間の脈拍がわかる。2回測定させた。

心臓の音を確認させる

> **心臓は，15秒間に，だいたい1Lの血液を送っています。**
> **心臓の音を聞いてごらんなさい。**

ここで聴診器を使わせた。

「まずは，自分の心臓の音を聞きなさい。次に，友達の心臓の音を聞きなさい。」

女子が男子の心臓の音を聞いているというパターンが多かった。

ビデオで心臓のはたらきを調べさせる

ここで，「心臓のはたらき」を説明したビデオを見せた。

「大切な言葉や数字が出てきたらメモをとりなさい。」

子どもの主なメモは次の通り。

・心臓はみぞおちの少し左上にある。
・心臓には2つのポンプがある。
・心臓はにぎりこぶしより少し大きい。
・心臓は，強力な筋肉からできている。
・逆に流れないように弁がついている。

心臓のすごさを実感させる工夫

運動すると，心臓の鼓動が速くなります。
運動場を1周すると，どれぐらい速くなるでしょうか。
予想してノートに書きなさい。

ここで，外に出た。

1周走ってすぐに15秒間の脈拍を測った。だいたい2倍近くになっている子がけっこういた。

「さて，15秒間で心臓は1Lの血液を送っていました。心臓と競争します。班で1つのペットボトルを配ります。15秒で1Lの水が外に出せるかどうかやってごらんなさい。」

15秒なら，なんとか水を外に出せる。

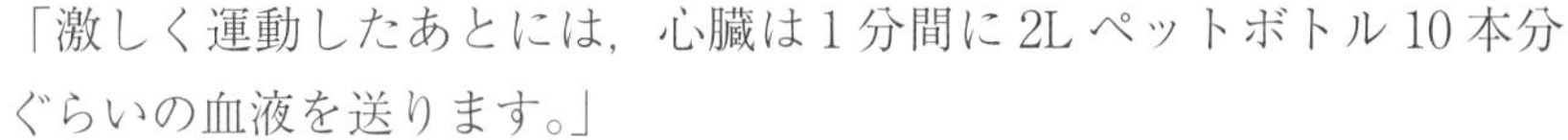

「激しく運動したあとには，心臓は1分間に2Lペットボトル10本分ぐらいの血液を送ります。」

「うそ～！」

「競争してみます。ペアでペットボトルを1つ持ちなさい。」

1分経った時，8本までの水をペットボトルから外に出せた。が，全部は到底不可能だった。

「ものすごく激しく運動した時，心臓が速くなります。何倍ものスピードで動くので，それだけ送る血液の量は多くなります。」

競争させてみると，どれだけ心臓がはたらいているかがよくわかる。

第8時

肝臓と腎臓のはたらきを知る

肝臓の位置と役割を教える

「今日は，肝臓がどんなはたらきをしているのかを勉強します。肝臓の位置を教科書で探して，指で押さえなさい。」

「肝臓は，レバーとも言います。牛のレバーを見たことがある人？」

焼肉で食べたことがある人もきいてみた。レバーを注文したことを覚えている子もいた。

肝臓のはたらきを説明した。主に3つ紹介した。

・栄養をためる。

・胆汁をつくる。

・毒を分解する。（アルコールやアンモニアなどを，無害なものに変える。）

まだまだたくさんあります。
肝臓には，こういったはたらきが，いくつぐらいあると思いますか。

「500以上」はたらきがあると言われている。

あまりに多機能のため，人工の肝臓はつくられないのではないかと言われている。しかも，再生能力があることも教えた。4分の3が切り取られても，数か月で元の大きさに戻る。

「肝臓には，食べたものの栄養がたまっています。運動する時など，必要な時に，栄養を補給してくれます。」

腎臓の位置と役割を教える

次に，腎臓のはたらきを説明した。

「腎臓はどこにありますか。教科書で探して指で押さえなさい。」

腎臓のはたらきを教えた。

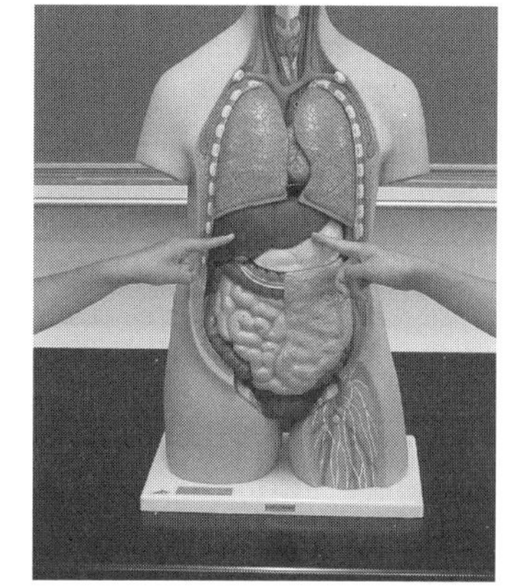

・血液からいらないものを取り除き，血液をきれいにする。（1 分間に約 1L の血液が出入りしている！）
・体内で余った水分や塩分を体の外へ出す。

ビデオで調べさせる

ここでビデオを見せた。

いつものように，メモをとらせた。

・肝臓は成人で 1kg 以上。大きい。
・肝臓には，血管が多い。
・腎臓は体内の水の濃さを調節している。

臓器の位置を確認させる

ビデオを見せたあと，人体模型を使って，名称の確認を行った。

肺，心臓，胃などの取り外しが可能で，どこにどれぐらいの大きさの器官があるかがよくわかる。子どもたちも興味津々で，休み時間になっても人体模型をいじっていた。

最後に，T シャツを着て確認させた。

自分のどこにどんな器官があるのかがこれも，着てみると実感としてわかる。

次の時間に，学習した内容をノート 2 ページにまとめさせた。

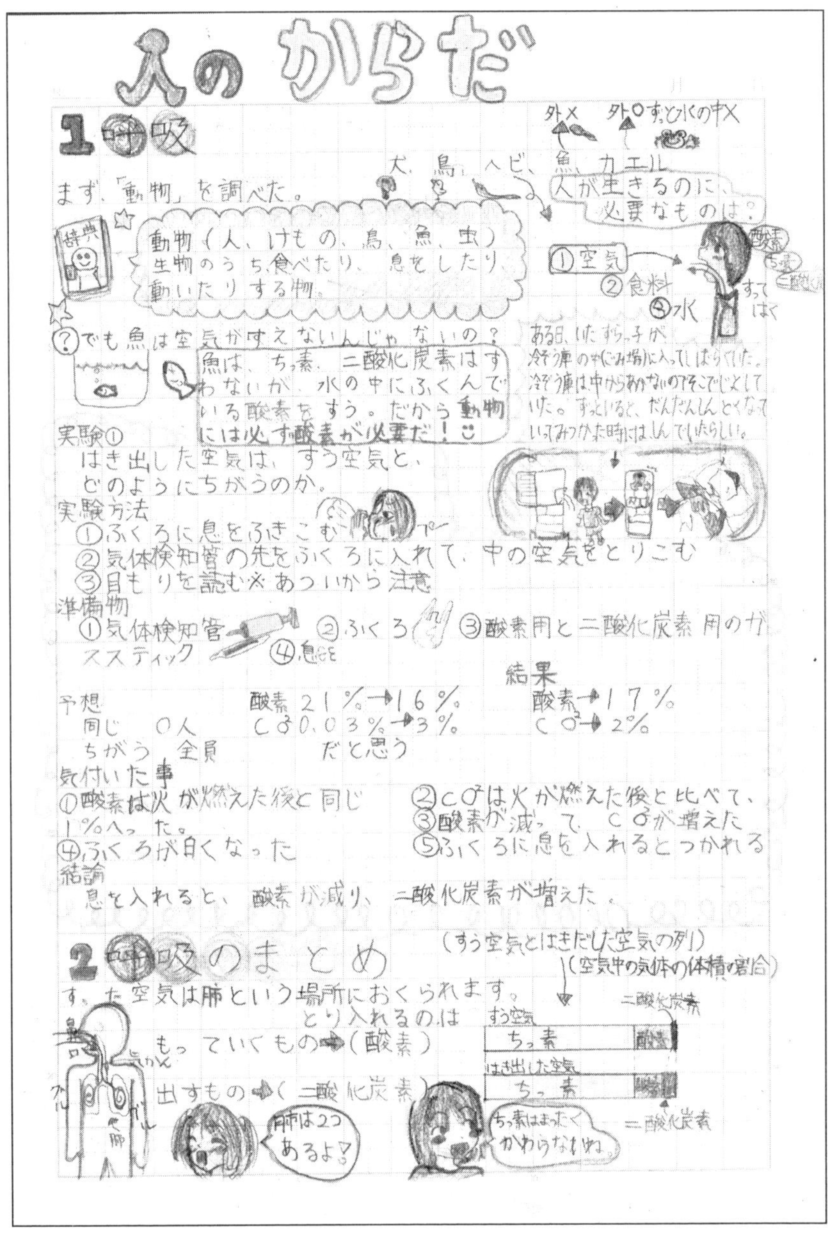

人のからだ

1 呼吸

外× 外○ ずっと水の中×

犬、鳥、ヘビ、魚、カエル

まず、「動物」を調べた。

人が生きるのに、必要なものは？

辞典

動物（人、けもの、鳥、魚、虫）
生物のうち、食べたり、息をしたり、動いたりする物。

①空気 ②食料 ③水

酸素 ちっ素 二酸化炭素 すって はく

？でも魚は空気がすえないんじゃないの？

魚は、ちっ素、二酸化炭素はすわないが、水の中にふくんでいる酸素をすう。だから動物には必ず酸素が必要だ！

ある日、いたずらっ子が冷ぞう庫の中(ごみ場)に入ってしばらくいた。冷ぞう庫は中からあかないのでそこでじっとしていた。ずっといると、だんだんしんどくなっていってみつかった時にはしんでいたらしい。

実験①
はき出した空気は、すう空気と、どのようにちがうのか。

実験方法
①ふくろに息をふきこむ
②気体検知管の先をふくろに入れて、中の空気をとりこむ
③目もりを読む※あついから注意

準備物
①気体検知管 ②ふくろ ③酸素用と二酸化炭素用のガスステイック ④息

予想
同じ 0人
ちがう 全員

酸素 21%→16%
CO_2 0.03%→3%
だと思う

結果
酸素→17%
CO_2→2%

気付いた事
①酸素は火が燃えた後と同じ1%へった。
②CO_2は火が燃えた後と比べて、
③酸素が減って CO_2が増えた
④ふくろが白くなった
⑤ふくろに息を入れるとつかれる

結論
息を入れると、酸素が減り、二酸化炭素が増えた。

2 呼吸のまとめ

（すう空気とはきだした空気の列）
（空気中の気体の体積の割合）

すった空気は肺という場所におくられます。
とり入れるのは
もっていくもの→（酸素）
出すもの→（二酸化炭素）

すう空気：ちっ素｜酸素｜二酸化炭素
はき出した空気：ちっ素｜酸素｜二酸化炭素

気かん 肺

肺は2つあるよ♪

ちっ素はまったくかわらないね。

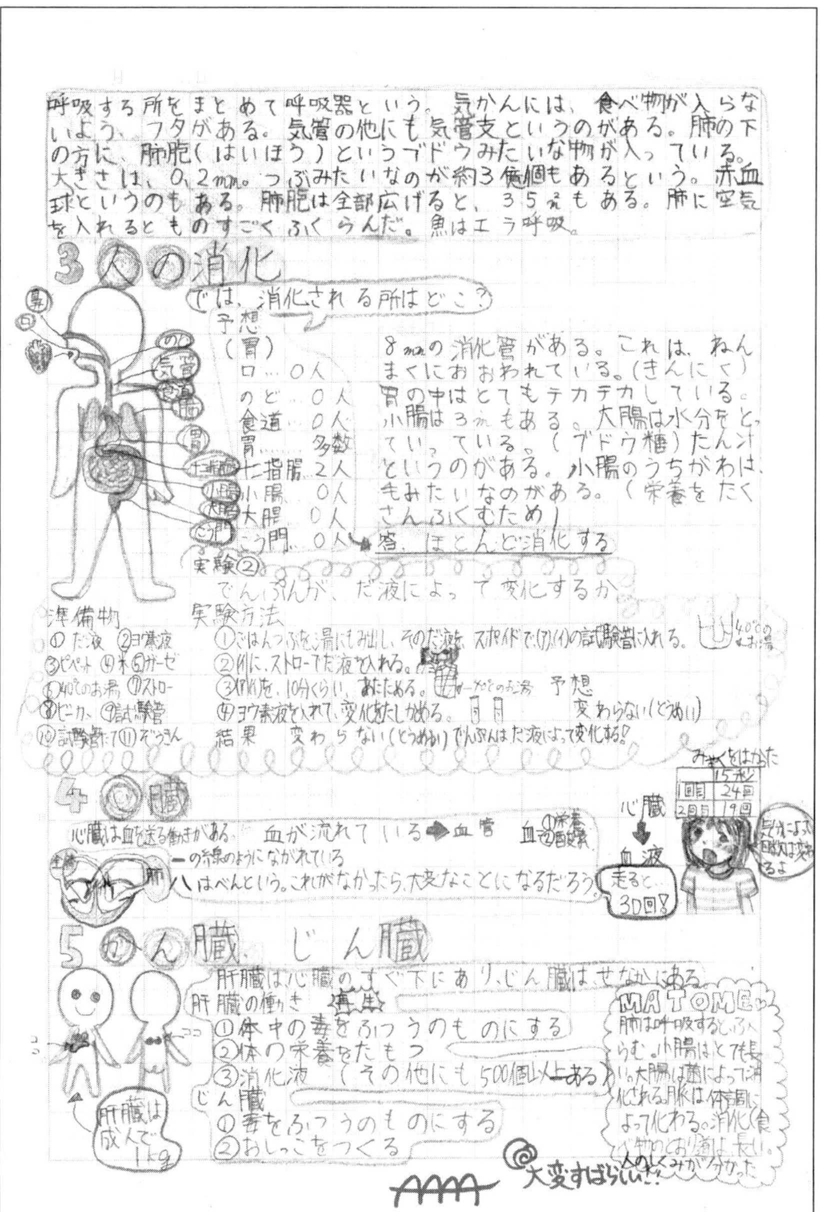

呼吸する所をまとめて呼吸器という。気かんには、食べ物が入らないよう、フタがある。気管の他にも気管支というのがある。肺の下の方に、肺胞（はいほう）というブドウみたいな物が入っている。大きさは、0.2mm。つぶみたいなのが約3億個もあるという。赤血球というのもある。肺胞は全部広げると、35㎡もある。肺に空気を入れるとものすごくふくらんだ。魚はエラ呼吸。

3 人の消化

では、消化される所はどこ？

予想（胃）
口…0人
のど…0人
食道…0人
胃……多数
十二指腸 2人
小腸 0人
大腸 0人
こう門 0人 → 胃、ほとんど消化する

8mの消化管がある。これは、ねんまくにおおわれている。（きんにく）胃の中はとてもテカテカしている。小腸は3mもある。大腸は水分をとっている。（ブドウ糖）たんじゅうというのがある。小腸のうちがわは、毛みたいなのがある。（栄養をたくさんふくむため）

実験② でんぷんが、だ液によって変化するか

準備物
①だ液 ②ヨウ素液
③ピペット ④米 ⑤ガーゼ
⑥40℃のお湯 ⑦ストロー
⑧ビーカー ⑨試験管
⑩試験管たて ⑪ぞうきん

実験方法
①ごはんつぶを湯にもみ出し、そのだ液をスポイドで(ア)(イ)の試験管に入れる。
②(イ)に、ストローでだ液を入れる。
③(ア)(イ)を、10分くらい、あたためる。
④ヨウ素液を入れて、変化をたしかめる。

予想 変わらない（とうめい）

結果 変わらない（とうめい）でんぷんはだ液によって変化する！

4 心臓

みゃくをはかった

	15秒
1回目	24回
2回目	19回

心臓は血を送る働きがある。
血が流れている → 血管
血 ①栄養 ②酸素
心臓 ↓ 血液
ーの線のようにながれている
ハはべんという。これがなかったら、大変なことになるだろう。
走ると、30回！

5 かん臓、じん臓

肝臓は心臓のすぐ下にあり、じん臓は、せなかにある。

肝臓の働き 再生
①体中の毒をふつうのものにする
②体の栄養をたもつ
③消化液（その他にも500個以上ある）

じん臓
①毒をふつうのものにする
②おしっこをつくる

肝臓は成人で1kg

MATOME
肺は呼吸するとふくらむ。小腸はとても長い。大腸は菌によって消化される。脈は体調によって変わる。消化（食べ物の通り道）は長い。
人のしくみが分かった。

◎大変すばらしい！！

Ⅳ 植物のからだのはたらき

全部見せます 小6理科授業

Ⅳ　植物のからだのはたらき

授業では，「1つずつ教えること」が鉄則である。

1時間で教える内容は，1つに絞ったほうがよい。

ところが，教科書によっては，1時間で2つのことを教えるページがある。

例えば，次の2つは別のことである。

1　葉がでんぷんをつくっているかどうか。

2　葉でつくられたでんぷんが，栄養として体内を移動しているかどうか。

それなのに教科書では，2つの内容を1つの実験でいっきに済まそうとする。子どもは混乱する。

「葉がでんぷんをつくっている」ことを教えたいなら，それだけを目的に実験をすればよい。

ただでさえ，「葉にでんぷんがあるかどうかを確かめる実験」は，手順がややこしい。アルコールに葉をひたしたり，ヨウ素液にひたしたりと，複雑な手順をふまないと，でんぷんがあるかどうかがわからない。

高学年の理科がおもしろくないと言われるのは，何をやっているのか子どもにわからないからだ。実験も説明も，シンプルな上にもシンプルにしないと，子どもは理解できないし，何をやっているのか，わけがわからない状態になる。

子どもが理解できているかどうかを見ながら，授業を展開したい。

習得させたい知識

1　植物の葉に日光が当たると，葉にでんぷんができること。
2　根，茎，葉には，水の通り道があること。
3　根から吸い上げられた水は，主に葉から蒸散していること。

習得させたい技能

1　ヨウ素液をつかって，でんぷんの有無を調べることができる。
2　気孔や茎の断面などを，正確にスケッチすることができる。
3　顕微鏡を正しく使用することができる。
4　さまざまな植物を比較したり，さまざまな方法で観察したりと，多面的に調べることができる。

単元実施計画

時　間	学習内容と指導方法の重点
第１～２時	【習得】植物の葉にでんぷんがあることを知る
第３時	【習得】日光が当たっていない葉にでんぷんはあるか
第４時	【探究】他の植物の葉にはでんぷんがあるか
第５時	【習得】植物は取り入れた水をどこから出しているか
第６時	【活用】吸収された水は植物のどこを通るのか
第７時	【習得】水は植物のどこを通って葉までいくのかを調べる
第８時	【習得】水が蒸発していくところを観察する

第1～2時

植物の葉にでんぷんがあることを知る

5年生の学習を振り返らせる

日光が当たっているインゲン豆と当たっていないインゲン豆です。
気づいたことをノートに書きなさい。

教科書の写真に，日なたで育てた植物と，日陰で育てた植物の写真が載っている。

1　日陰のほうが，葉が少ない。
2　日陰のほうが，葉の色が薄く，黄色っぽい。
3　日陰のほうが，大きさが小さくて元気がない。

ここで，5年生の時に植えたインゲン豆の一生を振り返らせた。

インゲン豆の一生をノートに書きなさい。

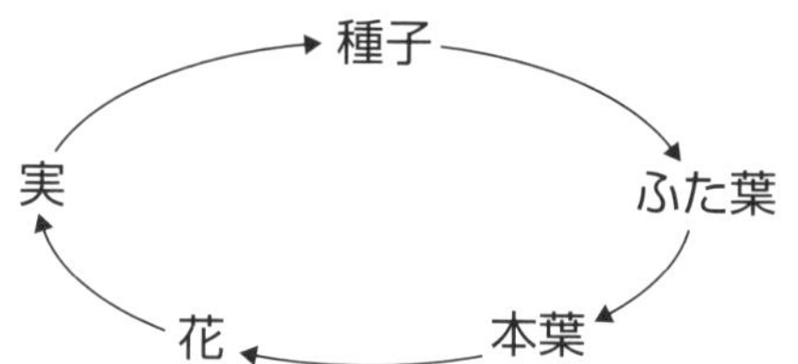

「種子にはでんぷんが含まれていました。成長する時に，でんぷんを使ってしまって，しわしわの種になってしまいました。でも，植物が成長して，ふたたび，インゲン豆の種ができました。それもたくさんできました。植物は，でんぷんの含まれた種を生み出したのです。」

植物は，でんぷんを生み出しているという事実を教えた。

でんぷんは，植物の「どの部分」がつくりだしたと思いますか。

一度考えさせてから，答えを言う。

「実は，でんぷんは，葉でつくられているのです。」

ジャガイモの葉にでんぷんがあるか

ジャガイモの葉にでんぷんはあるでしょうか。
葉をとってきて調べます。

よく晴れた日の午後に実験する。曇りの日や，午前中は，でんぷんがあまり検出されない。

たたき染めの方法をつかった。これがいちばんシンプルで簡単な実験方法である。エタノールを使う方法は，ややこしい。実験がややこしいと，勉強の苦手な子は何をやっているのかわけがわからなくなる。この先何度もやる方法は，できるだけシンプルなほうがよい。

教科書を音読し，ノートに実験方法と準備物を書かせた。

たたき染めのコツを教えた。

1　強くたたくより，弱く細かくたたくとよい。

2　ヨウ素液は，りんごジュースの色（ビールの色）まで薄める。

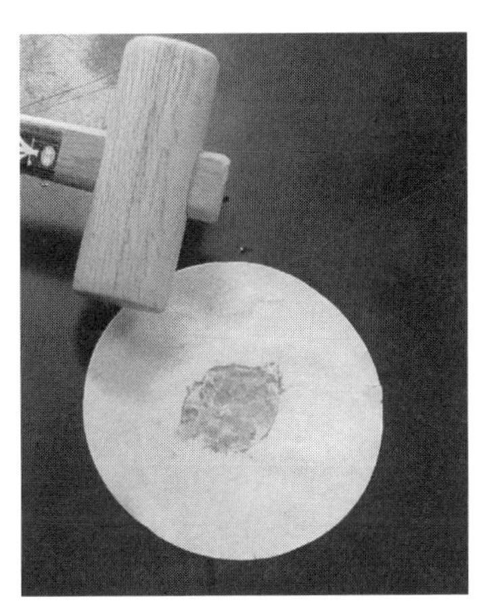

ノートが書けた班から実験を開始させた。

ヨウ素液につけると，青紫色になる。

「実は，植物は，葉ででんぷんをつくっているのです。日光が当たっているところでは，植物はでんぷんをつくっています。」

日光が当たっていないところでは，でんぷんはつくられるのでしょうか。

予想を書かせて終わる。

次の時間に確かめるために，ジャガイモの葉に銀紙を貼らせた。

第３時

日光が当たっていない葉にでんぷんはあるか

銀紙で日光を遮断した葉にでんぷんはあるのか

午後に授業を行った。

銀紙を貼った葉と，貼っていない葉をとってきなさい。
日光の当たっていない葉と，日光の当たっていた葉とで，比べます。

銀紙をはずすと，葉の色が黄色に変化していた。子どもたちはその色の変化具合に驚いていた。

「数日前は緑だったのに……。」

今回もたたき染めで調べさせた。

日光が当たっていると，少し青紫に変わる。

だが，日光が当たらないと，色は変わらない。つまり，でんぷんができない。

結果が出た班から，ノートにまとめさせた。

「日光が当たっていないと，でんぷんはできない」ということがわかった。

第４時

他の植物の葉にはでんぷんがあるか

いろいろな植物で調べさせる

他の葉にもでんぷんがあるのかどうかを調べさせた。

他の植物の葉にもでんぷんがあるのかを調べます。
好きな植物の葉をとってきて調べます。

観察前に予想させておくことが大切になる。

運動場の植物なら，どれでもでんぷんがありそうですか。
ひょっとして，でんぷんがなさそうな植物の葉はありますか。

子どもによって，予想はさまざまである。

「緑の葉はでんぷんがあるけど，緑じゃない葉はあやしい……。」

「日なたでも，大きな葉のほうがでんぷんが多そう……。」

ここは，子どもの「こだわり」を大切にすべき時間である。自分で問題を設定して調べる「探究」の時間にするためだ。子どもの問題意識によって，自由に植物をとってこさせる。色にこだわる子もいれば，葉の大きさにこだわる子もいる。日なたでも，日光が長時間あたってそうな場所を選ぶ子もいる。

クローバーの葉など，いろいろな植物の葉を持ってきていた。

たたき染めの方法も，ずいぶんと慣れてきた。

他の植物も，葉にでんぷんがあることがわかった。

第５時

植物は取り入れた水をどこから出しているか

植物が生きるために必要なものは何か

簡単に復習をした。

発芽には何が必要でしたか。

温度，空気，水。

植物が育つには，あと他に，何が必要でしたか？

日光と肥料があったらよい。
「水がないと，植物はしおれます。水をやると，もとに戻ります。」

植物における水の供給と排出を考えさせる

植物は水をどこで取り入れていますか。

３択問題として出した。

- 根
- 葉
- 体

主に「根」で，水を取り入れていることを教えた。

水を吸収した植物の水は，最後にはどうなっているのですか？

人を例に出す。人は，余った水を，いらないものと一緒に，尿として外へ出している。

いらなくなった水が出ているとすれば，どこから出ていますか？

・根
・葉
・体
・出ていない

「出ていない」と「葉から出ている」という意見が多かった。

葉から水を出しているのか

「まず，水が葉から出ているかどうかを調べます。これは簡単です。ビニール袋で葉を囲めばいいのです。もし水が葉から出ているなら，ビニール袋に水滴がつきます。」

実験のやり方は，教科書に書いてある。そのままノートに写させた。

実験は，10 分で調べることができた。思ったより水滴がついた。子どもたちも驚いていた。朝，雨が降って，そのあと晴れてきたので，それだけ葉から水分が出ていたのだろう。

第6時

吸収された水は植物のどこを通るのか

水の通り道を調べさせる

水が根から入り，どこを通って葉から出ているかを調べます。

この実験も，教科書に載っている。
「見開き2ページに実験ノートを書きなさい。」
実験は，簡単である。
1　ジャガイモを根こそぎとってくる。
2　食紅を溶かした水に入れる。
注意点がある。
食紅は多めに水に溶かすとよい。水1Lに，3g～5g溶かす。
水に溶かした食紅は，必ずろ過してから使う。食紅の中のでんぷんの粒が，植物の体内で詰まってしまうからである。
食紅を溶かした水につけておくと，2～3時間で葉が発色する。
食紅の実験を準備して，授業を終えた。

第7時

水は植物のどこを通って葉までいくのかを調べる

食紅がどこを通っているかを確認させる

カッターナイフを，全員に配布した。ジャガイモの茎を切ってみるように指示。
5分ぐらい「あれ？ 染まっていないなあ。」と探す子どもたち。そうこうしているうちに，「赤く染まっている！」と発見する班が出てきた。

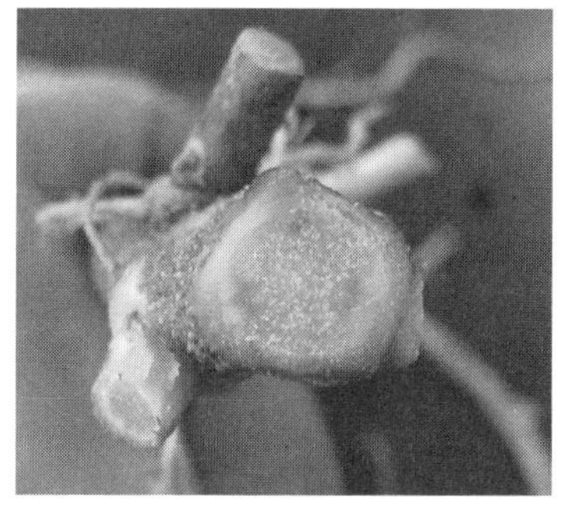

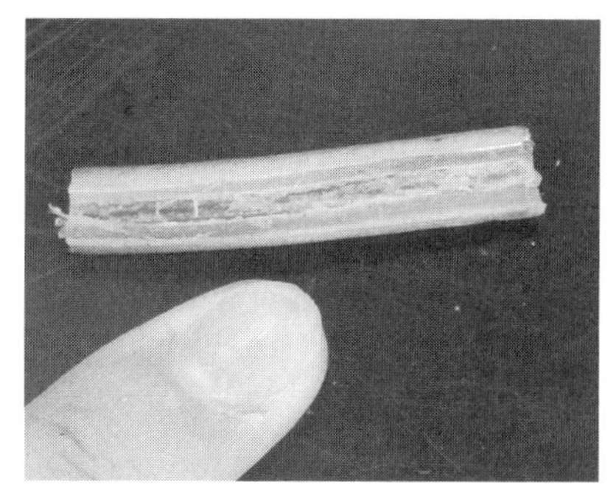

一度，「染まっている茎」を見ると，「ああ，ここが染まるのか」と見る目ができる。すると，次々と染まっている場所を発見することができた。

虫眼鏡も使用させた。

根のところは，真ん中が赤く染まっている。茎の上にいくにつれて，真ん中ではなく，端の方が赤く染まっている。葉も赤く染まっているところがある。

「水はこんなところを通るのか」と，感動の声があがる。

やはり，実物を見ると，感動の深みが違う。

縦の断面を観察している子もいた。

簡単にスケッチさせる

6cm 四方の正方形をノートに書いて，その中にスケッチをしなさい。

根や茎の断面のスケッチをさせた。

残った時間で，実験ノートをまとめさせた。

「結果　根から茎，葉へと，赤く染まっていた。」

「結論　水は，植物の根から吸収されて，茎をのぼり，葉から出ていく。」

最後に，葉から水蒸気が出ることを「蒸散」ということを教えた。

ノートがまとまった班から片づけをさせた。

片づけが終わったら，ノートを班でまとめて持ってくる。

合格した班から，教室へ帰らせた。

第8時

水が蒸発していくところを観察する

水が出るところ（気孔）を観察させる

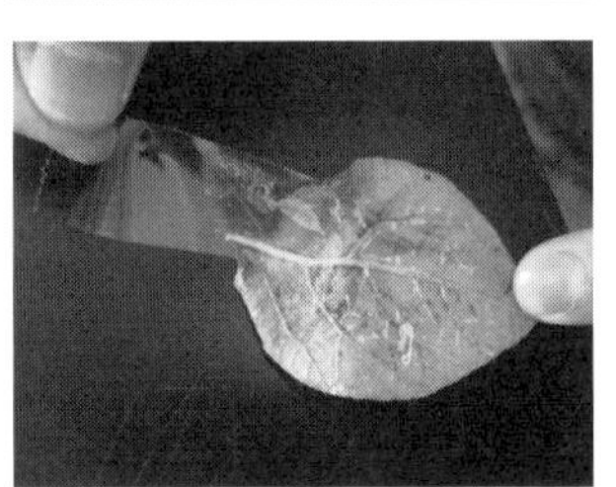

手順は以下の通り。

1　葉を1人1枚とってこさせる。
2　葉の裏側に木工用ボンド（速乾性）を薄く塗る。
3　セロテープで剥がす。
4　セロテープをスライドガラスに貼る。
5　顕微鏡で見る。200倍。なければ300倍。
6　観察ノートを書かせる。

朝，子どもに1人1枚，ジャガイモの葉をとってこさせた。

木工用ボンド（速乾性）を薄く塗らせた。薄くというのがポイント。1時間乾かす時間をとった。

乾いたボンドの上に，セロテープを貼らせ，このセロテープをスライドガラスに貼った。乾いていると，きれいに剥がせる。

「葉から水蒸気が出ていました。水蒸気は，葉の口から出ています。」

「葉の口を観察します。」

葉の口は「気孔」と呼ばれることを教えた。

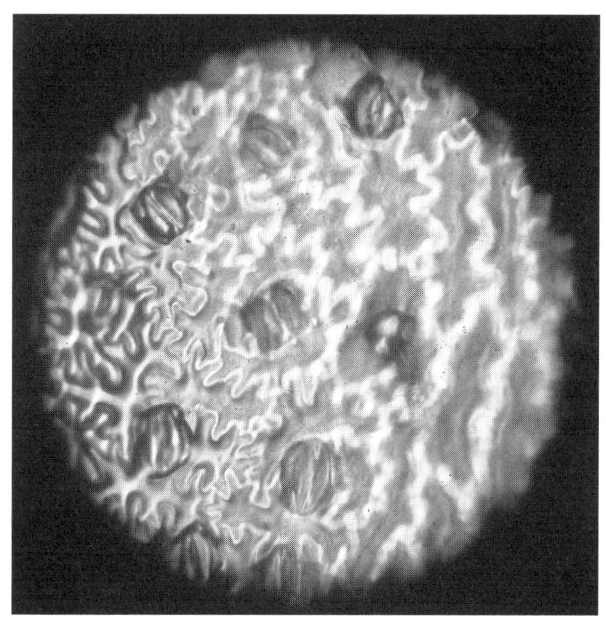

「このような形のものが見えます。」

教科書の写真を確認させた。さらに，私が黒板に簡単にスケッチした。

顕微鏡で観察させ，観察ノートを書かせた。倍率も忘れずに書くように指示。子どもたちは，気孔の数に驚いていた。

「こんなにも，葉に口があるなんて！」

やはり，実物の力はすごい。

V 生き物のくらしとかんきょう

全部見せます 小6理科授業

V　生き物のくらしとかんきょう

本単元では，次の３つの内容を教える。

1　光合成

2　食べ物のもとが植物であること

3　食物連鎖

この中には，子どもが自然と気づくには難しい知識もある。

例えば，光合成である。

気体は目に見えない。

「植物に光が当たると，酸素を取り入れて二酸化炭素を出す」という自然現象に，子どもが「気づく」のは難しい。

そこで，子どもに気づかせるのが難しい知識は，教師が実験前に教えていくようにする。

光合成を調べる前に，「植物は日光が当たると，酸素をつくる」ことを教える。教えたあとで，確かめの実験をさせていく。気体の量の変化を調べれば，酸素が増えていることが確かめられる。

また，気づかせることができる知識は，教えずに気づかせていくとよい。

例えば，「食べ物のもとが植物であること」は，気づかせることが可能である。料理に使われる食材をあげさせたうえで，植物が多いことに気づかせればよい。

また，食物連鎖の中で，なくなるといちばん困るものはどれかを考えさせてもよい。植物がなければ，生き物が生きていけなくなることに気づくはずである。

教えるべき内容と，気づかせる内容とを分けて，授業を進めていきたい。

なお，2017 年改訂の小学校学習指導要領から，水中の小さな生き物を観察させ，それが魚などの食べ物になることを教えることとなった。

習得させたい知識

1　植物は，酸素をつくり出していること。

2　人や動物の食べ物のもとは植物であること。

3　生きている植物だけではなく，枯れた植物も動物の食べ物になっていること。

4　生き物は互いに「食べる」「食べられる」という関係でつながっていること。

習得させたい技能

1　生物と環境の関わりについて多面的に考え，より妥当な考えをつくりだし，表現することができる。

単元実施計画

時　間	学習内容と指導方法の重点
第 1 時	【習得】植物は酸素をつくり出しているか
第 2 時	【習得】生き物がどんな物を食べているかを考える
第 3 時	【習得】食べ物のもとは何かを考える
第 4 時	【習得】食物連鎖を知る

第1時

植物は酸素をつくり出しているか

二酸化炭素だらけになる？

「生き物とは何でしたか。」

動物，植物，虫，人が出された。1学期の復習である。

「生き物にとって必要なものは何でしたか。」

水，空気，食べ物が出された。

「人に必要なのは，空気の中の何の気体でしたか。」

酸素，という答え。

「人の他に，酸素を必要とする生き物はいますか。」

動物，虫が出た。「植物」も酸素を吸っていることを教えた。

「植物も酸素を吸っています。そして，二酸化炭素を出しています。」

「人も，動物も，虫も，二酸化炭素を出しています。」

「最近は，機械も酸素を使って，二酸化炭素を出していますね。」

このままでは，地球から酸素がなくなってしまい，二酸化炭素だらけになることを確認した。

生き物の中で，酸素をつくっているものがいるとするならば，どれだと思いますか。

多くの子が，「植物」だろうと答えた。

「実は，植物が酸素を出しているのです。植物は，日光が当たることで，酸素をつくってくれます。しかも，植物は，二酸化炭素を吸収してくれています。」

3種類の植物で確かめさせる

植物が二酸化炭素を吸って，酸素をつくっていることを実験で確かめる。

まずは，教科書を音読した。次に，教科書の実験をノートに写させた。

植物は私が用意した。コマツナ，ベゴニア，ホウレンソウの３種類である。ビニール袋と，気体検知管，ストローは，子どもに取ってこさせた。ストローは，密閉した袋に息を送り込むのに必要である。

実験ノートが書けた人から，準備を始めさせた。

植物は，日光のよく当たるベランダに置くように指示した。

結果を共有させる

１時間 30 分後に，もう１度気体検知管で調べさせた。

実験結果が出た班から，黒板に結果を書かせた。

１つだけ，酸素が減った班があった。原因を尋ねると，「最初に吐いた息を吸い取ることができなかったのだと思う。どうしてかと言うと，酸素の気体検知管の数値があまり変化していなかったから。」と言っていた。

失敗の原因がわかっているのは立派です，とほめた。

結論は次のようにまとめさせた。

「日光があたるところに置くと，植物は二酸化炭素を取り入れ，酸素を吐き出す。」

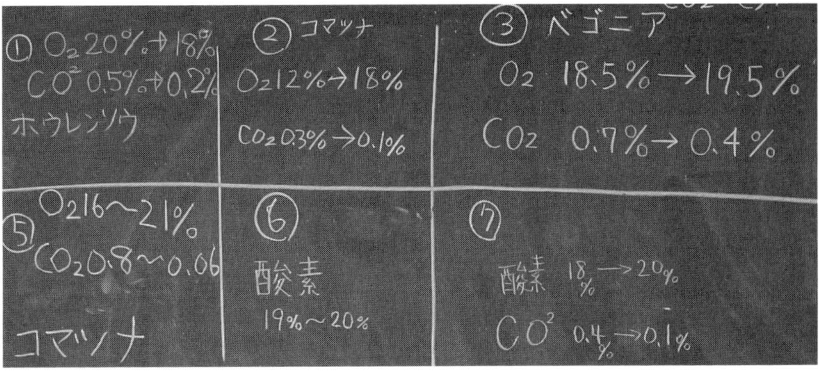

第2時

生き物がどんな物を食べているかを考える

植物が酸素を出していたことを確認する

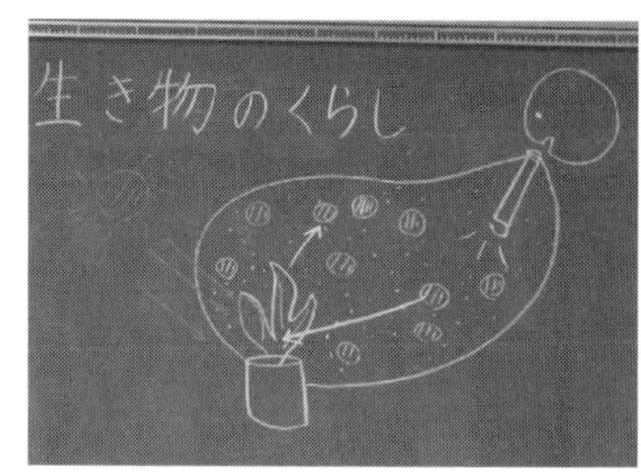

授業の最初に，簡単に復習をした。

「植物は，日光が当たると，二酸化炭素を取り入れ，酸素を吐き出します。」

こう言って，黒板にモデル図を描いた。

気体は，粒で表現した。窒素は白の点（・）で，酸素は青の○，二酸化炭素は黄色の○である。

人間の食べ物を考えさせる

> 生き物にとって必要な物は，水と空気と食べ物でした。
> さて，酸素は植物がつくってくれるので安心です。
> 次に食べ物を考えていきます。人間はどんな物を食べていますか。

サラダ，焼肉，ご飯などいろいろと出させる。

人間は，動物や植物を食べて生きていることを確認する。

> みんな食べ物はどうやって手に入れているのですか。

育てたり，買い物したりといったところである。

他の生き物の食べ物を考えさせる

> 教室のメダカはどうやって食べ物を手に入れますか。

餌を飼育係があげている。

自然のメダカは何を食べているのですか。

5年生で学習していれば，すぐに答えられる。学習していなければ，教えないとわからない。

実は，水中の小さな生き物を食べていることを教える。

そして，ミジンコなどの微生物がたくさん入った水を見せる。

微生物がたくさん入った水を手に入れるコツは，大量の藻が発生している池で，藻も一緒にとってくることである。

メダカが食べている小さな生き物を目で探しましょう。

最初は目で観察させる。その後，顕微鏡を使って観察させる。

「今，目で見た生き物の他にも，たくさんの小さな生き物が水の中にはいます。観察してみましょう。」

第3時

食べ物のもとは何かを考える

食べ物のルーツを考えさせる

カレーライスには，どんな食材が使われていますか。

牛肉，ジャガイモ，ニンジン，タマネギが出された。

トウガラシなどの香辛料も使われているという意見が出た。

野菜カレーの時は，ナスやトウモロコシが入っている。

「植物が多いですね。植物ではないものはどれですか。」

牛肉という意見が出た。

「ところで，牛は何を食べていますか。」
草などの植物だという答えが返ってきた。

地球上から植物が全てなくなったら，カレーライスは食べられますか。

「食べるのは無理そうだな……。」
「牛肉も無理だな。」
全ての食べ物のもとは植物だと説明し，次のようにまとめた。

酸素のもとは，植物。食べ物のもとも，植物。

植物に頼っている生き物が多いことを教える

「バッタは何を食べていますか。」
「草です。」
「チョウの幼虫は，何を食べていますか。」
「草です。」
植物と関わっている生き物が数多くいるのだと説明した。

枯れた植物を食べている動物はいますか。

食べていると答えた子は少なかった。
「ミミズや，カブトムシの幼虫，ダンゴムシなどが，枯れた葉を食べています。馬も枯れた植物を食べます。そのほか，目に見えないような小さい生き物も，枯れ葉を食べています。」

枯れた葉を食べるのは本当か？

「枯れた葉を本当に食べているのかどうか，ダンゴムシを飼って調べます。ダンゴムシを見つけにいきます。」
学校を1周した。なかなか見つからない。

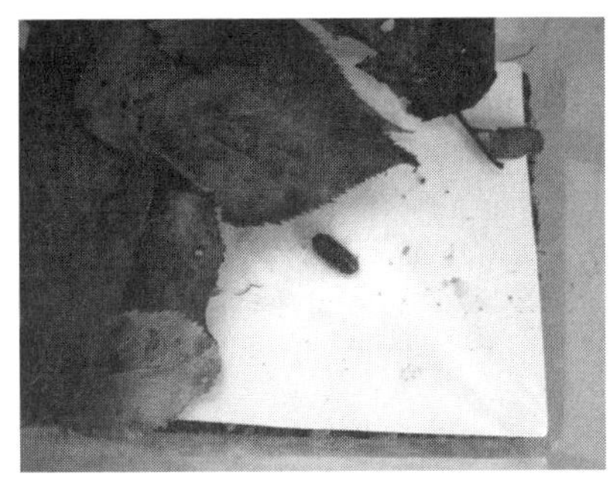

やんちゃな子が大活躍である。あっというまに見つけていた。

ダンゴムシは，日陰の石の下や植木鉢の下にいる。一度見つかると，大量に見つかるので，班でダンゴムシを分け合っていた。まるで，ダンゴムシが宝物のようであった。

枯れた葉を食べたかどうかわかるように，白い紙の上に枯れた葉を置いた。日光があたらないように，覆いをしておいた。

数日後に確認すると，大量のフンが見つかった。葉はところどころ欠けていた。枯れ葉をダンゴムシが食べることが確認された。

第4時

食物連鎖を知る

食べる食べられるの関係を示す

「シマウマは何を食べていますか。」

「草です。」

「シマウマを食べる動物はいますか。」

「ライオンです。」

「草を食べる動物がいて，その動物を食べる動物もいます。生き物が，食べる，食べられるという関係でつながっていることを，食物連鎖といいます。」

水中の生物の関係を例に出す

例えば，池の中で考えてみます。
池の中の小さな植物で，どんなものがいましたか。

ミカヅキモを覚えている子がいた。それを黒板に書いた。

「ミカヅキモを食べているのは何ですか。」

ミジンコという意見が出た。

「ミジンコを食べるものは何ですか。」

このように，順番に尋ねていった。

ミカヅキモ→ミジンコ→メダカ→ザリガニ→ブラックバスなど

このように，食べる食べられるの関係でつながっていることを「食物連鎖」ということを，もう一度確認した。

教えた内容を活用させる

次の動物の食べる食べられるの関係を，線でつないでごらんなさい。
ワシ，バッタ，ヘビ，カエル，ミミズ，ダンゴムシ

書かせたあとで，発表させた。

子どもの発表したつなぎ方を，黒板に書いた。

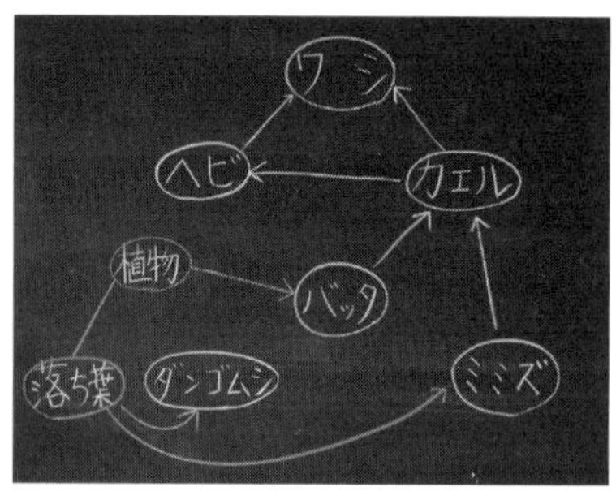

「この中に植物と落ち葉を入れます。どこにつながりますか。」

いちばん下に植物と落ち葉を書き入れた。

食べる，食べられるの関係を見て，気づいたことを言いなさい。

・強いものが弱いものを食べている。
・体が大きいものが，小さいものを食べている。
・食べるものより，食べられる数のほうが多い。全体としてピラミッドの形になっている。
・ピラミッドの上に行くほど，大きく強い生物になる。
・カエルは，いろいろな生き物とつながっている。
・1つでもいなくなると，困る生き物が多い。

カエルがいなくなったとします。どんなことが起きますか。

・カエルがいなくなると，ヘビの数が減る。
・カエルがいなくなると，バッタの数が増える。
・バッタの数が増えると，植物の葉が食い荒らされる。
・植物が少なくなると，バッタは困る。
・そこで，集団で移動を始める。さらに，植物を食い荒らすようになる。

このように，次，次，次と変化が訪れる。

この中でどの生き物がいなくなると，いちばん困りますか。

植物に手をあげた子が多かった。

植物が全ての食べ物のもとになっている。

植物が，動物の生きるための栄養をつくり出していると言える。

VI 月と太陽

Ⅵ　月と太陽

第４学年では，次の知識を学習する。

　１　月は日によって，三日月や満月など，形が変わって見えること。

　２　月は，１日のうちでも時刻によって位置が変わること。

　３　月は，東から昇り，南の空を通って，西に沈むように見えること。

さらに，第３学年では，太陽の動きを学習する。

　１　太陽は東からのぼり，南を通り，西に沈むこと。

　２　日陰の位置は，太陽の動きによって変わること。

３・４年生で学習した内容と，６年生で学習する内容は，どこが違うのだろうか。

月を例にとれば，次のようになる。

「4年生では，月の１日の動きを教えた。」

「6年生では，月が地球の周りを回っていること（公転）を教える。」

このように，授業に入る前に，「今までに学習した知識は何なのか？」，「新しく教えることは何なのか？」を意識しておくことは極めて大切である。

本単元では，月の公転に気づかせるために，次の２つの現象を比べさせた。

「1日に，月は，東から昇り，南の空を通って西に沈むように見える」

「別の日に，同じ時刻の月の位置を観察すると，西から昇り，南の空を通って，東に沈むように見える」

子どもたちは，口々に，「4年生で学習した内容とまったく反対になっている！」と驚きの声をあげた。

観察結果をどう考えたらよいのかを尋ね，月自身が動いていることを，子どもに推論させるようにした。

習得させたい知識

1　月の輝いている側に太陽があること。
2　月の形や見え方は，太陽と月の位置関係によって変わること。
3　月の表面の様子は，太陽と違いがあること。

習得させたい技能

1　観察結果から，月が動いていることを考察することができる。
2　同じ場所，同時刻における月の観察をすることができる。

単元実施計画

時　間	学習内容と指導方法の重点
第１時	【習得】月の見え方を予想する
第２時	【習得】月の位置が変わったのはなぜか
第３時	【習得】月の動きによって見え方はどう変わるか
第４時	【習得】太陽の表面と月の表面が異なることを知る
第５時	【活用】学習のまとめを行う

第１時

月の見え方を予想する

今までに学習した知識を振り返らせる

月について，知っていることをノートに書きなさい。

指名なしで次々と発表させた。
・月は裏側が見えない。
・昼間でも見える。
・太陽と違って，クレーターがある。
・月の形は，いろいろと変わる。
・満月ではなくて，新月といって，月が見えない時もある。

月の形を思い出させる

どんな形の月を見たことがありますか。

満月，三日月（左と右），半月（左と右）が出された。

子どもたちは，「左の三日月は見たことないなあ……。」などともらしていた。

「実は，全部，見ることができます。」と教えた。

「ええっ？」「へえ，そうなんだ。」という反応が返ってきた。

月の見え方を予想させる

月の形を順番に並べなさい。

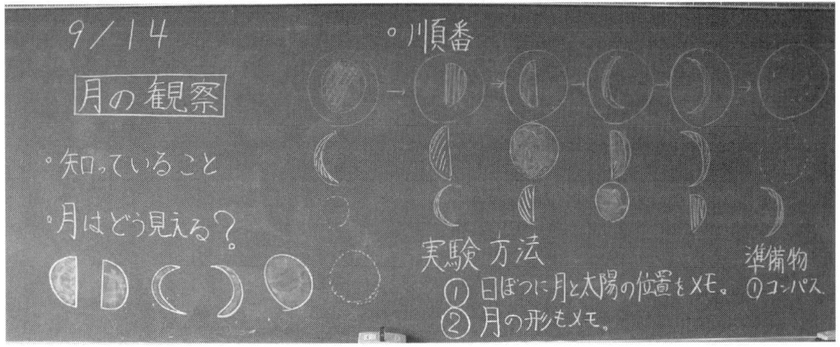

次の3つに分かれた。

1　バラバラに変わっていく。

2　左から太っていく。

3　右から太っていく。

意見が食い違うと，子どもたちは調べたくなってくる。

観察方法の確認

観察方法を，次のように板書した。

・日ぼつに，月と太陽の位置をメモする。

・月の形もメモする。

観察の仕方も教えた。

・コンパスで方角を確かめる。

・月の高度を調べる。にぎりこぶし1つで10度。

「準備物は何が必要ですか。」

方位磁針が必要になる。1人に1つ貸し与えた。

夜中に，1人で観察するのはやめるように指示した。安全面の配慮である。

観察ノートの雛型を書かせる

「観察ノートをつくります。先生が黒板に書きますから，ノートに写しなさい。」

時刻と場所を指定した。

時刻　18時30分
場所　家の庭。

注意
1　目印（建物など）も書く。
2　3日後に調べて，次の理科までに3回観察する。

観察結果の見通しをもたせる

「おそらくこんな感じになります。」
簡単に，山や建物を書いてみせた。
月も書いた。
太陽の沈む位置も書いた。
お手本を示されると，観察スケッチの仕方が一発でわかる。

第2時

月の位置が変わったのはなぜか

観察結果を発表させる

中2日で，3回にわたって月の位置と形を観察させた。
三日月に近い形から，半月，そして，満月近くまで，満ちていく様子がわかった。
「同じ場所」，「同じ時刻」の月の形と位置だということを強調した。
また，太陽の沈んだ位置は，矢印で示した。

観察結果を見て，気づいたことをノートに書きなさい。

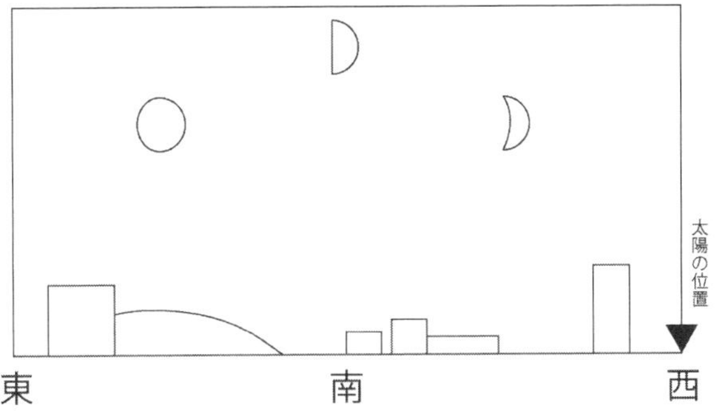

・月は，右から左の方へ満ちている。
・月の輝いている側に太陽がある。
・太陽から離れるほど，満ちていく。
・4年生の時に，太陽と月は，東から出て，南を通り，西に沈むと学習したのに，月の位置は，それとは反対に，西から東へ進んでいる。

4年生で学習した内容と比べさせる

子どもたちは，月の動き方に疑問をもった。
つまり，今までに学習した知識と違うというわけである。
ここで，3，4年生で学習した内容をもう一度おさらいした。

太陽は，どのように動いているように見えますか。

「東からのぼり，南の空を通り，西に沈みます。」

4年生の時，月はどのように動くと習いましたか。

「東から，南の空を通り，西に動くと習いました。」

4年生の時，星はどのように動くと習いましたか。

「東から，南の空を通り，西に動くと習いました。」

太陽も月も星も，東から南の空を通り，西に動いていました。
なぜそのように動くのか知っていますか。

「地球が1日に，1回転しているから，そう見える。」
　これは，子どもたちが知っていた。

モデルで補足説明を行う

　ここで，補足説明をした。
「○○くんが太陽だとします。先生が地球です。地球は，1日で1回転しています。○○くんは，動いていません。ですが，1回転している先生から見ると，○○くんは，どんどん動いているように見えます。ところで，先生から見ると，○○くんだけでなく，みんなも動いているように見えます。しかも，全員が同じ動きをしているように見えます。だから，月も太陽も，夜空の星も，全部みーんな，同じように動いているように見えるのです。みんなもその場で自分が地球になったつもりで，1回転してごらんなさい。周りの景色が動いて見えるはずです。」

月が反対に動くのはなぜなのか

「太陽も月も星も，東から南の空を通り西に動くように見える。」
　これが，今まで学習した知識である。
　ところが，である。
　困ったことに，別の日の同じ時間の月の動きを見ると，「西の空からのぼり，南の空を通って，東の空に沈もう」としているのである。
　つまり，学習した内容とは，まったく逆の動きをしているのである。

同じ時刻の月を観察したのに，月の位置が違うのはなぜですか。

手をあげたのは，２人。
隣の人と相談させてみた。
しかし，わかった子は数人。

モデル実験で理由を考えさせる

「ヒントをあげます。また，先生は地球役をします。○○君が，月です。夜中の７時に，夜空を見ました。○○君がいました。また，夜中の７時に同じ場所で夜空を見ました。○○君は，東へ動いていました。また，夜中の７時に同じ場所で夜空を見ました。ところが，また○○君が東へ動いていました。」

同じ時刻に月を見ているのに，月の位置が違うのはなぜですか。

これで，ほとんどの子がわかった。
「月自身が動いているから」が正解である。

第３時

月の動きによって見え方はどう変わるか

モデル実験で，月の形の変化を見せる

月の動きによって，どのように月の見え方が変わるのかを，モデル実験で観察させた。

暗幕を引いて，部屋を真っ暗にしてから行う。光源は１つ。ボールを用意する。黒板に，方角を書くとよい。バスケットボールを使うと，表面がよく光って大変わかりやすかった。

まずは，私がバスケットボールを持ち，動く役をやる。

「みんなは地球です。丸くなって座りなさい。

実は，月は自分では光っていません。太陽の光が反射して，光っているように見えているだけなんです。

光源を，太陽だとします。ボールは月です。光源の光が当たっていないと，ボールは光っていませんね。真っ暗です。」

そこまで説明してから，光源にいちばん近いところに移動した。

そして，尋ねた。

「月はどう見えますか。」

真っ暗に見える。

太陽にいちばん近い時に，新月になることを確認した。

光源からいちばん近いところから，少し移動して尋ねた。

「月はどう見えますか。」

「三日月だ！」の声。光源の光がボールに当たって，光っているように見える。部屋が真っ暗なので，本当にボールが光って見える。完全に真っ暗の部屋でやるから，感動が大きい。

さらに動く。南の空に来た。

「半月になった。」

さらに動く。

どんどん満月に近づく。

太陽からいちばん離れたところで，満月になった。

「誰か先生と同じことをやってくれる人？」
5人の子が，ボールを持って，動いてくれた。
何度も月の見え方を確認させた。

月の見え方が変わる理由に気づかせる

子どもが月を観察した時の観察結果を，もう一度黒板に書いた。
観察結果には，月の位置だけでなく，太陽の位置も記入されてある。
そして，尋ねた。

「太陽に近いところほど，どんな形になっていますか。」
「細い形になっています。」
「太陽から離れるほど，どんな形になっていますか。」
「満月に近くなっています。」
「先ほどのボールとまったく同じですね。実は，月はこのように動いています。」

黒板に，月の動き方を描いた。ここでのポイントは，「月の影はどこか？」をはっきりさせることである。

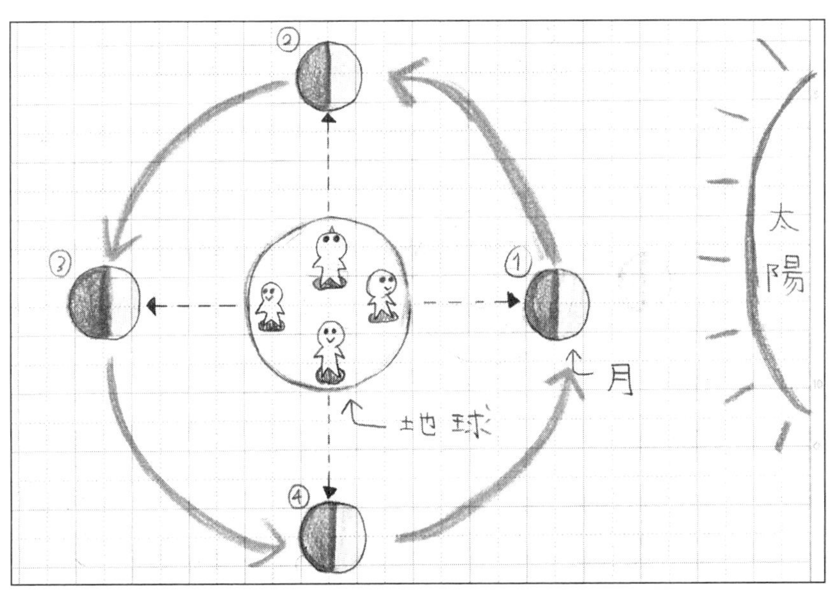

「地球と太陽の間に月があります。こうすると，影はどこにできますか。」

影を青で塗り，光っているところを，黄色で塗った。

これで，どこが光っているのかがはっきりする。

月の満ち欠けの順番を確認させる

月の満ち欠けの順番も黒板に書いた。

> 月は，どのように満ち欠けしますか。

満月と新月と半月を書いて，どこに，どんな三日月の形がくるのかを考えさせた。

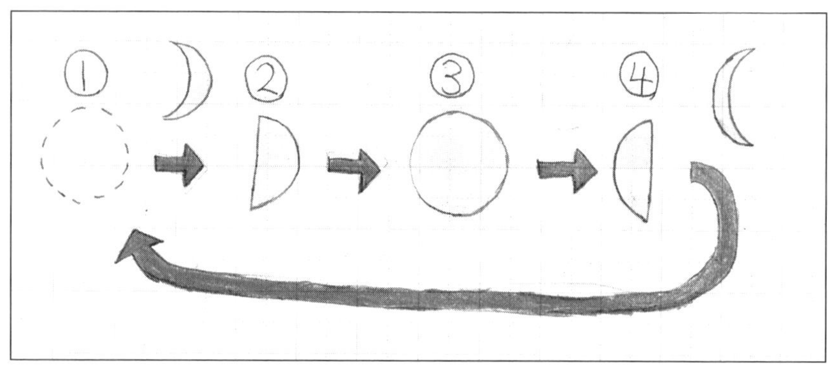

第4時

太陽の表面と月の表面が異なることを知る

月の特徴を教える

ノートに直径4センチの地球を描くように指示した。

> **月はどれぐらいの大きさなのでしょうか。**
> **予想して，地球の隣に描いてごらんなさい。**

私も黒板に地球を描いた。

そして，自信のある子に，黒板に月を描いてもらった。

「それよりも大きいと思う人，小さいと思う人？」などと簡単に意見を確認した。

月の直径は，地球の直径の4分の1ぐらいであることを教えた。

つまり，直径1センチの円が描けていたら正解である。

続いて，月に，空気はないこと，気温は，120℃～マイナス170℃まで劇的に変わることを教えた。

太陽の特徴を教える

> **太陽の直径はどれぐらいになりますか。**
> **太陽を黒板に描いてみたい人？**

実は，黒板にも描けないぐらい太陽は大きいのだ。

太陽の直径は，地球の直径の110倍程度である。

つまり，直径4mの円ということになる。

あまりの大きさに，子どもたちから驚きの声があがった。

続いて，太陽の表面の温度は，6000℃ぐらいであることを教えた。

映像で月と太陽の表面を確認させる

月の映像を見せた。

衛星「かぐや」の映像である。

子どもたちは，興味津々で映像を眺めていた。

特に，「地球の出」には，歓声があがった。月の地平線から，青い地球がのぼってくる映像である。

また，月のクレーターのＣＧがリアルに表現されており，子どもたちに好評であった。

太陽の映像も確認した。

先ほど月を見たばかりなので，その違いに唖然となっていた。

月と太陽で違うところは何ですか。ノートに書きなさい。

・月には，クレーターや溶岩の流れた跡がある。
・太陽は炎の塊だ。
・太陽は燃えて光を出すが，月は光を出さない。
・太陽はガスだが，月には岩や土がある。
・月には，2000m 級の山がある。
・太陽には，黒点がある。

月と太陽で似ているところは何ですか。ノートに書きなさい。

・どちらも，球形をしている。
・太陽は黒点があって，月には海があって，どちらも暗く見える。

第５時

学習のまとめを行う

教材で月の形の変化を確認する

月と太陽の模型（市販の教材）をわたして，地球に立つ人から眺めると，月はどう見えるかを確認させた。

地球の上に，人形を立てる。

月と太陽の位置をずらすと，月の形が変わって見えるという教材である。

ここでのポイントは，かならず，地球に立っている人の視点に立つことだ。できるだけ，地球に立った人形の視点に合うように，自分の目線を動かしていくとよい。

最初に，「三日月でストップしなさい。」と指示した。

新月から少しだけ動かすと，三日月に見える。

地球に立っている人形から見ると，新月からすぐ三日月になることがわかる。実際に人形の視点で見ることで，子どもも納得する。

続いて，半月，満月，下弦の半月でストップさせた。

月齢がどれぐらいかを教えた。

新月から新月まで，だいたいひと月ぐらいかかっていることがわかる。

今日の月の形を確認させる

本日の月齢を子どもに教えた。

本日は，18であった。教材の月の月齢を18に合わせるように指示した。

現在，月は，地球の反対側にあることがわかった。つまり，今は昼間な上に，地球の反対にあるので，見えないことになる。

教材にはお金がかかるが，こういった知識を得るのなら，安いものだと思う。

この教材を使わせながら，教科書のまとめの問題を解かせた。

月球儀を教室に展示する

ちなみに，教材には「月球儀」というものがある。

これは，月のクレーターや，月の海の名前が載っているというものである。

月の裏側は，海が少ないことがわかる。月球儀は，しばらく教室に置いておいた。子どもたちは，興味津々に見入っていた。

Ⅶ

土地のつくりと変化

全部見せます 小6理科授業

Ⅶ　土地のつくりと変化

本単元では，「体験」を大切にしたい。

例えば，いろいろな石をとりに行き，触れてみる。

運動場を掘って，地層を探す。

地層をつくって触ってみる，などである。

ただし，体験させにくい学習内容もある。

それは，「火山の噴火」や「地震」の学習である。

実際に体験させることは難しいが，体験に代わる授業をすることはできる。

地震で言えば，「地震センター」に見学に行き，地震の揺れを体験したり，地割れを観察したりといった具合である。

火山がどのようなものかは，映像で確認させることができる。

できるだけリアルな映像を，インターネットやビデオ教材で探しておくことが大切だ。

体験を大切にし，実感を伴った理解を狙って，授業を組み立てた。

習得させたい知識

1 土地は，礫，砂，泥，火山灰及び岩石からできていること。
2 岩石には，礫岩，砂岩，泥岩があること。
3 土地は，層をつくって広がっているものがあること。
4 地層は，流れる水のはたらきでつくられること。
5 地層は，火山の噴火によってつくられること。
6 地層には，化石が含まれるものもあること。
7 土地は，火山の噴火や地震によって変化すること。

習得させたい技能

1 シャベルやハンマーなどを正しく使い，岩石のサンプルをとることができる。
2 ルーペを使って岩石のスケッチをすることができる。
3 露頭をスケッチすることができる。
4 地層には，丸みを帯びた岩石が含まれていることがあり，貝などの化石が見つかることから，水のはたらきによって地層がつくられたことを考察することができる。
5 地層には，火山灰や多くの穴をもつ石が含まれることから，火山の噴火によって地層ができたことを考察することができる。
6 火山の活動や地震によって土地が変化することを，資料をもとに調べることができる。

単元実施計画

時　間	学習内容と指導方法の重点
第１～２時	【習得】ミニ地層の観察
第３時	【習得】地層をつくる
第４時	【習得】水のはたらきでできた岩石を観察する
第５時	【習得】火山でできた地層を知る
第６時	【習得】火山灰の粒を解剖顕微鏡で観察する
第７～８時	【習得】地震によって大地が変化することを知る
第９時	【習得】火山の噴火によって大地が変化することを知る
第10時	【活用】露頭の観察に行く

第1～2時

ミニ地層の観察

地層の写真を読みとらせる

地面の下には，何がありますか。

「石がある？」「土がある？」
などの答えが返ってきた。
「地面の下がどうなっているのか見せます。」
日本各地の地層の写真を，10 枚ほど見せた。
最後に，スクリーンに，地層のいちばんよくわかる写真を提示した。

写真を見て，気づいたことを書きなさい。

- 色が違っている。
- しま模様になっている。
- 層の粒の大きさが違っていて，石が入っているものもある。
- しまが，平行になって，ずっと続いている。
- 層の厚さが違う。
- 同じようなしまが交互にあって，順番が決まっているように見える。

運動場の下はどうなっているのか

運動場を掘りに行きます。地面の下はどうなっているのでしょうか。

運動場の端に，斜面になっているところがある。ちょうど，運動場の地面が終わるところである。

斜面は1mぐらいある。ここを，スコップで掘らせた。

雨のあとだったので，土が柔らかかった。スコップで垂直に削り取ることができた。

斜面をスコップで削り取ると，ミニ地層が現れた。砂，土，粘土というように，細かな層になっている。

このミニ地層に，子どもたちは大変喜んでいた。15cm四方に切りとって，「バームクーヘンだ！」と叫んでいた。

触って地層の質感を確かめたり，色の違いを観察したりしている子が多かった。

ミニ地層をスケッチさせる

運動場のミニ地層を，ノートにスケッチさせた。

地層のスケッチの際，次の注意点を確認した。

- 大きく描く。
- スケールを書く。
- 色をつける。

ノートに，気づいたことも書かせた。

・触った感じが，違った。

・砂，土，粘土の３層になっていた。

・石が出てきた。

子どもの感想を紹介する。

「地面なんかに興味はなかったけど，今日家に帰ったら，庭を掘ってみたいです。」

「土の下から出てきた層を，もう一度埋めるのがもったいなかったです。」

「なぜ，３つの層に重なっていたのだろう？」

運動場のボーリング資料があれば，それを最後に見せるとよい。

第３時

地層をつくる

地層の意味とでき方を教える

地層という言葉を教えた。

「砂」や「泥（粘土）」や，「小石の多い土」が層になっていました。このように，砂や泥や小石の多い土が，層になって重なっているものを，「地層」と言います。

続いて，今日の課題を黒板に書いた。

地層は，どのようにしてできるのでしょうか。

簡単に予想させたあと，答えの１つを教えた。

「地層は，水のはたらきでできるのです。」

水のはたらきを思い出させる

水のはたらきには，どんなはたらきがありましたか。

・運ぶ
・削る
・積もらせる

地層は，水の中で，順番に積もります。
いちばん下から，「小石の多い土」，その上に「砂」，いちばん上に「泥」です。この順番に積もるのは，なぜですか。

「重さが違うから？」
「下に落ちるスピードが違うから。」
　ここで，去年やった実験を思い出させた。
　ペットボトルに，「小石の多い土」と「砂」と「泥」を入れる。そして，よく振ったあと，静かに置いておく。すると，土，砂，泥の層に分かれたのである。この実験を覚えている子は多かった。

地層づくり

「では，地層を今からつくります。」
「やった～！」
「どうやって～!?」
　実験方法を示した。

1 「小石の多い土」，「砂」，「泥」の３種類をバケツに集める。
2 バケツの中をよくかき混ぜる。
3 といに，バケツの中の土を置く。
4 といに水を流し，水を入れた水槽に流し込む。
5 沈むまで３分ほど待って，次の土を流す。

ポイントは，3種類の土を用意することである。地層が完成した時に，はっきりとした層になる。

3種類の土は，次の場所でとってくるとよい。

・小石の多い土　→運動場の土

・砂　→砂場の砂

・泥　→畑の黒っぽい土

他にも，「ゆっくり流すこと」と，「沈むまで3分ほど待つこと」がポイントである。

実験は，運動場に出て行うとよい。水がこぼれても大丈夫なところでやらないと，あと片づけが大変である。

土を流し込む作業を，5回ぐらいやってごらんなさい。

子どもたちは，われ先にと実験に取り組んだ。

水槽の中では，どんどん土が積もっていく。そして，その土を見ると，層になっている。

子どもたちは，感動の声をあげた。

別の班の地層を見に行きなさい。

さまざまな形の地層ができていることがわかった。

山のような形の地層。まっすぐ平行な地層。薄い層が何層にも重なって，バームクーヘンのようになった地層。

さまざまなミニ地層が観察できた。

地層を順番に触ってごらんなさい。

触ってみると，「泥は感触がないぐらい細かな粒」であることがわかる。

さらに，「地層を崩すと，層が重なったまま曲がること」もわかる。

実際に触れてみることで，さまざまな知識が体験で学べることになる。

実験後に，まとめを書かせた。

「小石の多い土，砂，泥の順番で積もった。」

「まっすぐな層になっていた。」

第４時

水のはたらきでできた岩石を観察する

用語の確認

最初に，復習としていくつか用語を確認した。

「土が層のように重なっていることを何といいますか。」

「地層です。」

「地層は，順番に積もっていきました。どんな順番でしたか。」

「重いものから順に積もっていきます。」

「何のはたらきで，積もったのですか。」
「水のはたらきです。」
ここで，粒の大きさから，土の名前が異なることを教えた。

・礫　：大きさ 2mm 以上。
・砂　：大きさ 2 ～ 16 分の 1mm。
・泥　：大きさ 16 分の 1mm 以下。

岩石のスケッチ

黒板に次のように書いた。

> 礫が固まった石＝礫岩（れきがん）
> 砂が固まった石＝砂岩（さがん）
> 泥が固まった石＝泥岩（でいがん）

ここで，岩石を取り出した。
班で 3 種類の岩石を持っていくように指示した。

> 好きな岩石をスケッチしなさい。

岩石のスケッチで，気をつけることを教えた。

> 1　スケールを書く。
> 2　粒は点で表す。
> 3　全体図と，部分を拡大した図と両方描く。

いつものように，スケッチの絵の下には，「気づいたこと」を書かせた。
また，砂岩や泥岩の中に，化石があることを教えた。
子どもたちは，化石を探し始めた。魚，貝，アンモナイト，植物，生物の痕跡など，いろいろな化石が含まれていた。
立ち歩いていいことにして，化石を見る時間をとった。

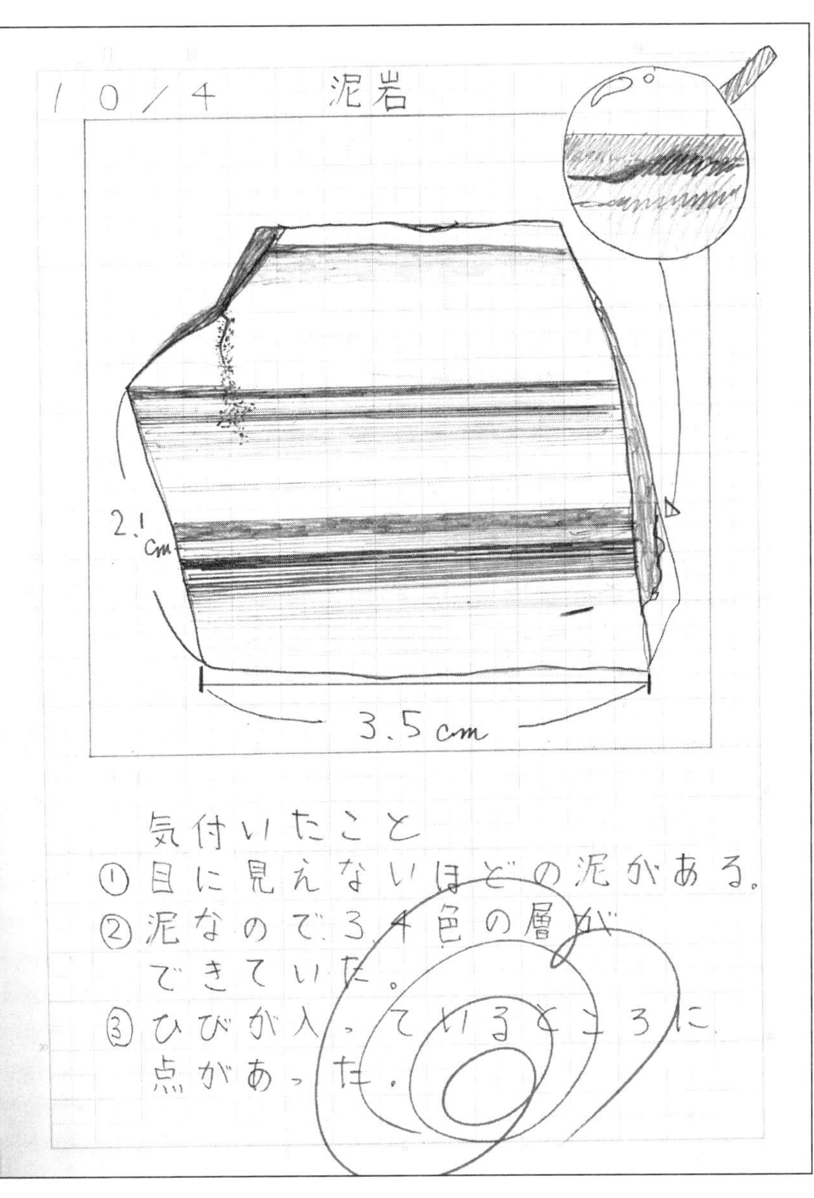
10/4　泥岩
2.1cm
3.5cm
気付いたこと
①目に見えないほどの泥がある。
②泥なので3.4色の層ができていた。
③ひびが入っているところに点があった。

第5時

火山でできた地層を知る

火山のはたらきを教える

教科書に，火山が噴火している絵がある。

火山灰と溶岩が，山から噴き出ている。

この絵を見せる前に，簡単に，火山灰と溶岩について説明した。

火山が噴火すると，何が出てきますか。

「溶岩が流れ出る」，「石が降ってくる（火山弾）」，「火山灰が降る」，という答えが返ってきた。

「火山の中には，溶岩があること」，「火山灰は，何メートルも降り積もることがあること」を説明した。

そして，教科書の絵でもう一度確認させた。

一度火山灰と溶岩の説明をしているので，教科書の複雑な絵も，すんなりと理解させることができる。

水のはたらきでできた地層と火山のはたらきでできた地層を比べる

火山のはたらきでできた地層の写真を，次々と見せた。

「赤い色だな」とか，「地層になっている」などの声がした。

さらに，教科書に火山のはたらきでできた地層の写真が載っているので，それも見せた。

水のはたらきでできた地層と，火山のはたらきでできた地層とで，何が違いますか。

・色
・穴のあいた石があるのが，火山のはたらきの地層。
・丸い石があるのが，水のはたらきの地層。角ばった石があるのが，火山のはたらきの地層。
・化石があるのが，水のはたらきの地層。
・火山のはたらきでてきた地層には，マグマが固まった石が地層に入っていることもある。

火山のはたらきでできた岩石を観察させる

ここで，火山のはたらきでできた石を見せた。次のものを用意した。
・マグマが急に冷えて固まった岩石。
・穴がたくさんあいた軽石。
・花崗岩，閃緑岩，斑れい岩などの，マグマがゆっくり固まってできた岩石。
・巨大な石英などの鉱物。

軽石の大きさは，直径30cmぐらい。

大きな石なのに，持ってみるとかなり軽い。これに子どもたちは驚いていた。

各班に岩石を配り，観察させた。

第６時

火山灰の粒を解剖顕微鏡で観察する

本物を用意するから感動が生まれる

「火山灰を持ってきました。」

子どもたちから，「ええっ？」と驚きの声があがった。

「鹿児島県の火山灰です。」

こう言って，上から火山灰を降らせてみせた。ほこりのような煙があとに残った。

「なんだか，汚れそうだな。」「灰色をしているよ。」「煙みたい。」などの声が聞こえた。

「今から，火山灰を観察します。」

「やった〜！」の大合唱。

手順を説明した。

1　蒸発皿に，火山灰を４分の１入れる。
2　水を加える。
3　かきまぜる。塊はばらばらになるように，指でつぶす。
4　にごった水を流す。
5　水がきれいになるまで繰り返す。
6　顕微鏡や実態顕微鏡で観察する。

灰は，実はいろいろな鉱物の粒が混ざったものである。

観察した子どもたちは，「きれいだな〜。」と喜んでいた。

顕微鏡で見た火山灰をスケッチするよう指示した。

子どもたちには，「灰は鉱物であること」，「マグマが固まった岩石を構成している鉱物と同じこと」を説明した。

第７～８時

地震によって大地が変化することを知る

地震を体験させる

最初に，地震の映像を見せた。

地震には，どんな被害がありましたか。

地割れ，地滑り，断層，ずれ，土砂崩れなどが出た。

断層がどのように起きるかを，絵を描いて説明した。図を描くと，わかるという子もいる。

さらに，修学旅行で，神戸の地震センターへ見学に行った。地震による被害を残している場所や，映像，写真などを見てまわった。地震体験コーナーもあり，地震による被害の恐ろしさを体験できた。

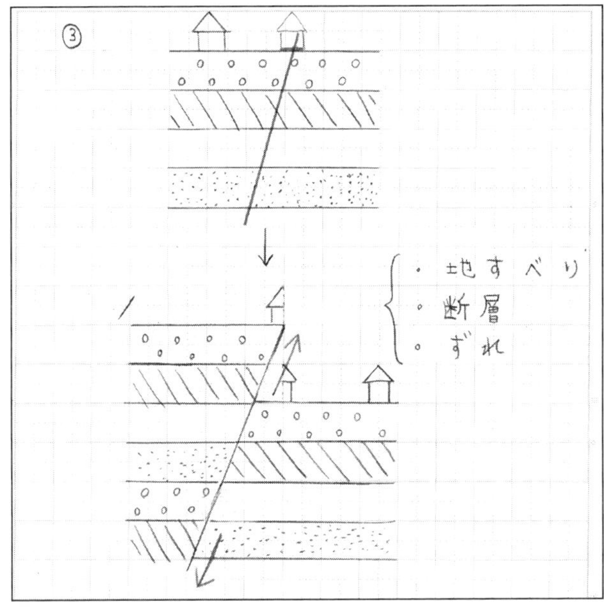

第9時

火山の噴火によって大地が変化することを知る

映像を見せ気づいたことをメモさせる

最初に，マグマが噴出している動画を見せた。

調査員がマグマを採取している様子が映った時，驚きの声があがった。

火山によって大地はどのように変化しますか。

1 マグマが流れてくる。
2 土石流が流れてくる。
3 火山灰が降ってくる。

映像によって，火山の被害や，大地の変化を学ばせることができた。

第10時

露頭の観察に行く

露頭の観察

学校のそばに露頭があるので，観察しに行った。

持っていく物を確認した。必ず必要になるのは，次の3つである。

・シャベル
・ビニル袋
・ルーペ

できれば，ハンマーや保護眼鏡も持っていきたい。ハンマーを持っていくのは，岩石を割るためである。岩石の表面は風化している。

割ると，風化していない面が出てくる。新鮮な面は，キラキラと光って，とても美しい。

露頭に到着し，まずは露頭の石をとるように言った。ハンマーでたたくとすぐに石をとることができる。

いろいろな石を集めさせる

次に，落ちている石も観察させた。

石を２種類は見つけましょう。

子どもたちは，いろいろな石を探し出していた。

ハンマーで割って，割れた面をルーペで観察させた。

子どもたちには，大まかに次のように説明した。

粒が見えたら，マグマが固まった石です。
粒が見えないのなら，砂か泥が固まった石です。
色が黒っぽいなら，泥。白っぽいなら，砂です。

これで，一応，子どもたちも石を判定できる。

ただ，最初はわからないので，私のところに聞きに来ていた。岩石をハンマーで割り，ルーペで見て判定してやった。

多くは，花崗岩なので，粒が見えた。

砂岩や泥岩を見つけて，喜んでいる子もいた。

石英の塊のような石もあって，子どもたちはとても感動していた。

「石探し」をすることに，子どもたちは大変喜ぶ。

いつまでも熱中して探していた。

スケッチは，露頭のスケッチと，岩石のスケッチをさせた。

岩石は教室に持って帰って，観察させた。

岩石を何個も持って帰った子がいた。大切にとっておくのだと言う。

「宝石みたいだ！」と言って，喜んでいる子がたくさんいた。

Ⅷ てこの規則性

Ⅷ　てこの規則性

本単元では,「わかったことを書きなさい」と指示する箇所が，いくつかある。

「わかったことを書きなさい」と「気づいたことを書きなさい」とでは，意味が異なってくる。

「気づいたことを書きなさい。」のほうが,子どもたちはすぐに書ける。なぜなら，ある意味何を書いてもいいからだ。例えば,「てこを使うと軽い」でも,「てこを使うと重い」でも,どちらでも気づいたことになる。

ところが,「わかったことを書きなさい」は難しい。

これは,「なんらかの『規則性』を発見しなさい」という意味の指示なのである。

つまり,実験の中から,規則性を考察できなくてはならないのである。

「考察の力」を鍛えるためには，考察をする場面を用意する必要がある。

そのため，本単元では，実験をしたあとで,「わかったことを書きなさい」と，あえて指示している箇所がある。

単元の中で,「わかったことを書きなさい。」という指示を繰り返した結果，ある変化が訪れた。それは，子どもたちが実験中にも「どんな規則性があるのかな？」という問題意識をもって取り組むようになったことである。

なんらかの規則性を考察しようとする姿勢が，子どもの中に生まれてきたのである。

習得させたい知識

1　水平につり合った棒に，支点から等距離の位置でものをつるして水平になった時，ものの重さは等しいこと。
2　力を加える位置を変えると，てこを傾けるはたらきが変わること。
3　力の大きさを変えると，てこを傾けるはたらきが変わること。
4　てこを傾けるはたらきの大きさは，重さと支点からの距離で決まること。
5　身のまわりの道具には，てこの規則性を利用したものがあること。

習得させたい技能

1　てこ実験器を使って行った実験の結果を，表にまとめることができる。
2　てこの規則性を，実験結果をもとに考察することができる。
3　てこの規則性を，身のまわりの道具に当てはめて考えることができる。

単元実施計画

時　間	学習内容と指導方法の重点
第１時	【習得】てこを使って砂袋を持ち上げる
第２時	【習得】いちばん重く感じる持ち上げ方を探す
第３時	【習得】てこのきまりを見つける
第４時	【活用】てこのきまりを式で表現する
第５時	【習得】てんびんで重さ比べを行う
第６時	【習得】左右対称でないものはつり合うか
第７時	【探究】てこの原理をさらに追究する
第８時	【探究】てこの原理をさらに追究するⅡ
第９時	【活用】身のまわりの道具でてこの原理を探る
第10時	【活用】学習したことをノートにまとめる

第1時

てこを使って砂袋を持ち上げる

シーソーのように持ち上げさせる

重たい砂袋を，持ち上げます。

5～10kgの砂袋を用意した。

ビニール袋に，砂を入れただけのものである。ビニール袋は何重にもしておくとよい。

力の強い子に，何人か持たせてみる。

重そうにしている。かなり重いということを強調しておく。

今度は，重い砂袋をシーソーのようにして持ち上げます。この持ち上げ方を「てこ」と言います。
できるだけ軽く持ち上がる方法を考えなさい。

準備物を確認した。

- 支点（三角形の木）
- 砂袋
- 棒（体操棒）
- 椅子

支点は，木の丸棒を3つ組み合わせて，△の形にし，それをガムテープで固定して作った。

「準備物が書けた人から準備を始めなさい。」

10分ほど実験の時間をとった。

最初は苦労して持ち上げていた子どもたち。しばらくすると，軽くなる持ち上げ方に気づくことができていた。中には，親指1本で持ち上げることができている子もいた。

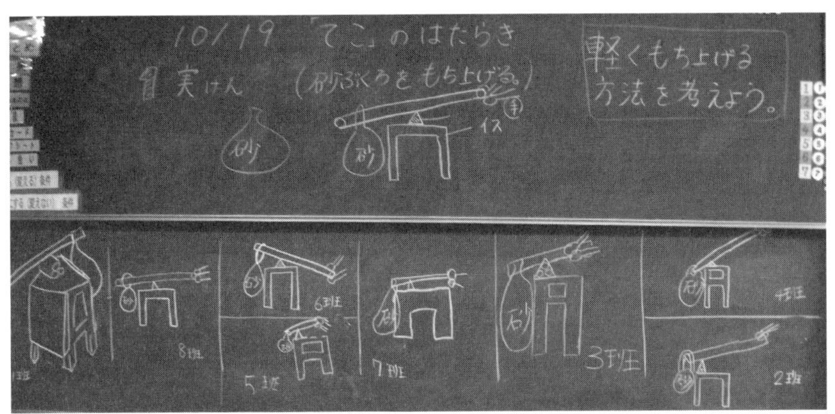

発見したことを共有させる

いちばん軽く持ち上がる方法を絵にしなさい。

班ごとに，黒板に描かせていった。

1班から順に説明させた。

最初の班は，「支点から遠くを押すと軽い」ことを主張していた。

しばらく同じ内容の発表が続いている中で，ある班が言った。

「砂袋を，できるだけ真ん中に近づけると，軽くなる。」

そして，小指1本で砂袋を持ち上げてみせた。

そのインパクトに，他の班の子どもたちも，「ええっ!?」と驚いた顔をしていた。

本当にそうなるのかを確かめる時間を確保する

いちばん軽い持ち方を，もう一度確かめてごらんなさい。

子どもたちは，本当に砂袋を真ん中に近づけると軽くなるのかを確かめ始めた。子どもたちの中には，説明を聞くだけでは納得できない子もいる。実際に確かめる時間をとることで，本当に軽くなることを体験させることができる。
「本当に，小指１本で持ちあがるよ！」と驚きの声があがっていた。

第２時

いちばん重く感じる持ち上げ方を探す

前回の授業で明らかになったことを確認する

まずは，１時間めの授業でわかったことをまとめた。

前回の授業で，わかったことは何ですか。

「三角の木に砂袋をできるだけ近づけ，自分の手を三角の木からできるだけ遠ざける時に，いちばん軽く感じる。」

いちばん重く感じる持ち方は？

前回と逆です。いちばん重く感じる持ち方を探しなさい。

「前回と反対にすればいいよ！」という声が聞こえた。
すなわち，砂袋を支点からできるだけ離し，自分の手をできるだけ支点に近くなるようにするとよいと言うのである。
子どもたちは，それぞれ自分で確かめ始めた。

わかったことを発表させる

いちばん重く感じる持ち方を，発表させた。
子どもたちの予想通り，「いちばん軽くなる持ち方」の逆にすれば，重く感じることが確認された。
ある子が，「魔法使いみたいに棒に乗ってみたけど，砂袋はびくともしなかった。こんなに重くなるのが不思議だ！」と驚いていた。

というのも，その子の体重は30キロぐらい。砂袋は10kgぐらい。自分の体重のほうが重いのに，砂袋がびくともしなかったというのがおかしいと言うのだ。確かに，「変」である。

次のように尋ねてみた。

「砂袋の重さが，変化したのですか？」

砂袋の重さが変わったわけではない。

「次の時間に，不思議を探っていきます。」と告げた。

第3時

てこのきまりを見つける

てこ実験器を紹介する

「てこのきまりを見つけよう」と黒板に書いた。

そして，「てこ実験器」を紹介した。

「いつもいつも，砂袋で実験すると重いので，これからは，てこ実験器で実験をしていきます。小さな，シーソーです。」

てこ実験器で，棒にあたるところはどこですか。

「金属の板です。」

てこ実験器で，砂袋にあたるところはどこですか。

「おもりです。」

てこ実験器で，三角の木にあたるところはどこですか。

「真ん中です。」

このように，前回の「棒，砂袋，三角の木」の実験と，てこ実験器での実験が同じことなのだということを確認した。

てこ実験器で，おもりの重さを体感させる

前回の復習です。おもりの場所をいろいろと変えて，重くなるところ，軽くなるところを探しなさい。

てこ実験器におもりをつり下げる。そして，指でおもりを持ち上げさせる。おもりの位置と指の位置によって，おもりの重さが違うように感じる。

このように，てこ実験器のおもりも，重く感じたり，軽く感じたりするということを体感させることが大切だ。

結果を絵に表現させる

いちばん軽くなる持ち上げ方を絵にしなさい。

ノートに絵を描かせた。

発表させて，どの持ち上げ方が軽く感じるのかを確認した。

さらに尋ねた。

いちばん重くなる持ち上げ方を絵にしなさい。

これも発表させて，どの持ち上げ方が重く感じるのかを確認した。

てこのきまり

「では，これから，てこ実験器を使って，てこにはどんなきまりがあるのかを調べていきます。まずは，『どういう時につり合うか？』を考えていきます。」

おもりを２つだけ使います。左右をつり合わせてごらんなさい。

これは，すぐにできていた。

同じ番号のところにつり下げると，つり合う。

「わかったことがあれば，ノートに書いておきなさい。」

このように，実験中に気づいたことやわかったことがあれば，記録をとらせるという姿勢を育てていくことが大切だ。

実験後に尋ねた。

「てこには，どんなきまりがありましたか。」

「同じ番号のところに，おもりをつり下げるとつり合いました。」

番号は，真ん中からの距離を表していることを教えた。

そして，次のようにまとめさせた。

「真ん中からの距離が同じところに，同じ数のおもりをつり下げると，つり合う。」

これが，１つ目のてこのきまりになる。

おもり３つでつり合う方法を考えさせる

おもり３つでつり合う方法を考えなさい。

これは盛り上がった。

奇数だと，どうしても左右のどちらかのおもりの数が多くなる。

「つり合うことができたら，絵でメモをしておきなさい。」

子どもたちは，７種類ぐらいのつり合いを発見していた。

先ほど，実験後に「わかったことを書きなさい」と指示しているので，実験の段階で，「どういうきまりがあると思う？」「どうやって言葉で説明すればいいかな」などと相談している子が多かった。

班で１つ，つり合う位置の絵を描きなさい。

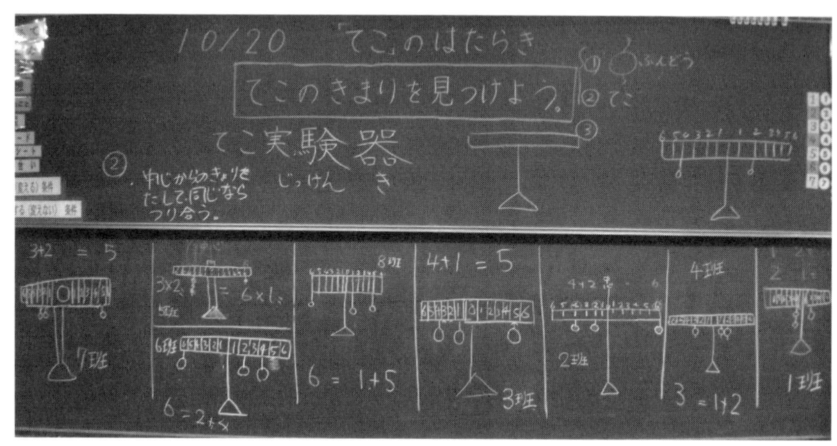

黒板に，各班のつり合い方が，ずらっと並んだ。

「3つ目＋2つ目＝5つ目」のように，説明を書いている子もいた。

つり合いの絵を見て，わかったことをノートに書きなさい。

子どもたちが考えた説明は，「中心からの距離をたして，左右が同じならつり合う」というものであった。これは，「正解」である。

しかし，教科書には，「おもりの数×支点からの距離＝傾けるはたらき」のように，「かけ算」で示してある。まだ実験を開始して間もないので，距離をたせばよいことに気づけば十分である。

第4時

てこのきまりを式で表現する

前回の授業を振り返らせる

「てこの決まりを復習します。てこ実験器に数字があります。これは，何の数字ですか。」

「中心からの距離です。」

「中心のことを，支点と言います。」
「ちなみに，砂袋を持ち上げた時の，三角の木も，支点です。支える点なので支点です。」
「左も５番目に１つのおもりをつけました。どうやったらつり合いますか。」
「右も５番目に１つのおもりをつける。」
「または？」
「右の２番目と３番目に１つずつおもりをつける。」
「または？」
「1番目と４番目につける。」
「前回，番号を足して，同じになれば，左右がつり合うということがわかったのでしたね。」

傾けるはたらきがかけ算になることに気づかせる実験

20g と 10g のおもりを，１つずつ使って，つり合わせなさい。

５分ほど時間をとった。
「3つのつり下げ方があります。」

重さ	20g	10g
番号	1つ目	2つ目
	2つ目	4つ目
	3つ目	6つ目

「気づいたことを言いなさい。」
ここは，あえて「気づいたこと」とした。「わかったこと」では難しいと判断したためである。
「20g のほうの番号を，全部２倍にすると，10g のほうの番号と同じになる。」という意見が出た。さらに指示した。

> **30g のおもりと，10g のおもりをつり合わせてごらんなさい。**

結果は，次のようになった。

重さ	30g	10g
番号	1つ目	2つ目
	2つ目	6つ目

「気づいたことを言いなさい。」
「30g のほうの番号を全部3倍にすると，10g のほうの番号と同じになる。」
「実は，てこの重さというのは，重さ×距離で決まります。」
次のように，式を書いた。

> **30g × 1つ目＝ 30g の重さ**
> **10g × 3つ目＝ 30g の重さ**

「他のも計算して，左右の重さが同じになっているか確認してみます。」

てこのきまりを活用させる実験

> **好きなおもりを5つ使って，つり合わせてごらんなさい。**

つり合いを発見した班から，黒板に書いてもらった。

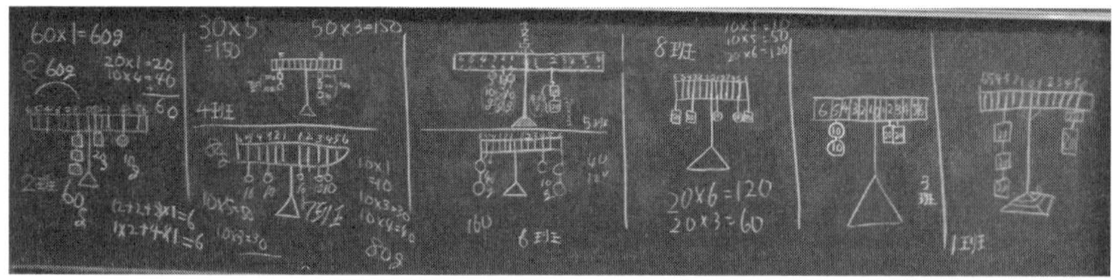

最後に，計算させてみた。左右が同じ重さになっているとつり合うことを，理解させることができた。

第5時

てんびんで重さ比べを行う

てんびんを作らせる

左右対称の棒（左右が同じ重さ）を，つり合わせてごらん。

左右対称の棒を，2種類用意した。軽い棒（1mの木）と，重い棒（体育の体操棒）の2本である。

ペアで実験させた。子どもたちは,「真ん中でつり合わせればいいよ。」と口々に言っていた。

全員がつり合わせることができたのを確認して，次のように教えた。

このように両端がつり合うと，重さを比べることができます。
こういうものを「てんびん」と言います。

重さ比べをやってみせる

「重さ比べをします。」

こう言って，子どもの筆箱を棒につり下げた。

1つを端につけ，もう1つを支点から近くにつけた。

子どもたちは,「場所がダメだ」と言い始めた。

「支点からの距離を同じにしないと，重さ比べにならない」と言う。

「あっそうか」，と言いながら今度は，支点からの距離を同じにした。

すると，子どもたちは，なおも「おかしい！」と連呼している。

「なにがおかしいの？」と尋ねると,「糸の長さが同じになってないので，条件の統一になっていない」と言う。

条件の統一に目を向けていることを，しっかりとほめた。

そして，子どもの意見を確認した。

・支点からの距離をそろえないと，条件統一にならない
　→正しい

・糸の長さが長いと，支点からの距離が長くなるので，重くなる
　→まちがい

・糸の長さが長いと，糸の重さが左右同じにならないので，条件統一にならない　**→正しい**

1つだけ，子どもの「勘違い」による指摘があった。

「糸が長いと支点からの距離も長くなる」というのはまちがいである。

まちがいは，あとで確かめることにした。とりあえず，「てんびんを使えば重さ比べができる」ことを押さえるためである。

「そうか。左右の糸の長さを同じにしないと，条件統一にならないよね。」

こう言って，糸の長さをそろえた上で，筆箱をつり下げた。

「下がったほうが軽いの？　重いの？」

「重い！」

「では，班で，ふでばこの重さ比べをしてごらん。」

子どもたちは，ふでばこ，消しゴム，定規などさまざまな物で，重さ調べを行った

第6時

左右対称でないものはつり合うか

左右対称でないものを多数用意する

今度は，左右対称になっていない棒をいろいろと用意した。

金づち，木の枝，バット，アミ，はさみ，ペン，割箸，リコーダーなどである。

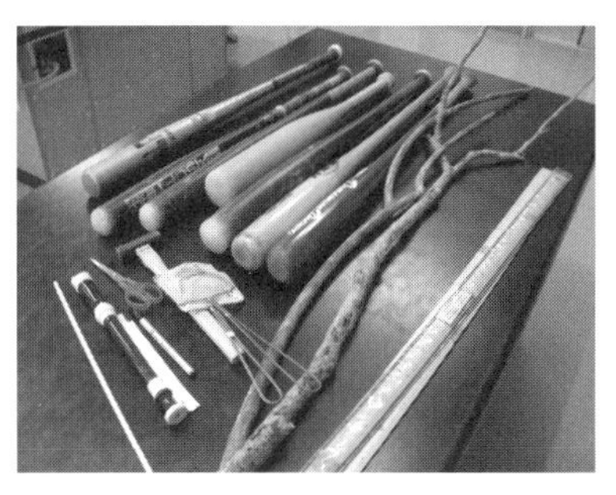

左右の重さが違うものを，つり合わせることはできるでしょうか。

子どもたちは，苦戦しながらも，実験に熱中していた。

全て，つり合うことがわかった。糸の位置を工夫すれば，つり合わせることができる。

左右の形がまるで異なる「長い木の枝」を使って，つり合わせた時には，歓声があがっていた。「すごい！　こんなものでもつり合った」という声があがった。

また，圧巻は，金属の金づちであった。左右の重さがあまりにも違うので，支点からの距離も，左右でかなり違ってくるのである。

気づいたことを書かせる

てんびん作りをしてみて，気づいたことを書きなさい。

・左右が同じ重さのものなら，真ん中を糸でつり下げるとつり合う。
・左右が同じ重さのものなら，重いほうが短くなるように糸でつり下げる。
・重さ比べをして，下がったほうが重い。

第7時

てこの原理をさらに追究する

左右対称の棒で問題を出す

「てこの原理」の応用問題を出した。

まず，1m の木の棒を用意した。

> **左右が同じ形の棒があります。これを糸でつるして，つり合わせます。両端に，同じ重さのおもりをつけると，どうなりますか。**

・左が傾く。
・右が傾く。
・つり合う。
・その他。

全員，「つり合う」と答えた。

理由を書かせた。理由を書かせたあと，班で相談させた。

結果は，「つり合う」である。子どもたちは理由を答えた。

「支点からの距離が同じところに同じ重さのものをつり下げると，つり合うから。」

左右対称でないもので問題を出す

次に，左右対称でない三角形の発泡スチロールの板を見せた。

発泡スチロールだと，クリップで貫通させることができる。貫通させたクリップに，おもりをつける。

> **左右が違う発泡スチロールの板。これを糸でつるして，つり合わせます。両端に，同じ重さのおもりをつけます。どうなりますか。**

・左が傾く　：3 人
・右が傾く　：12 人
・つり合う　：14 人
・その他

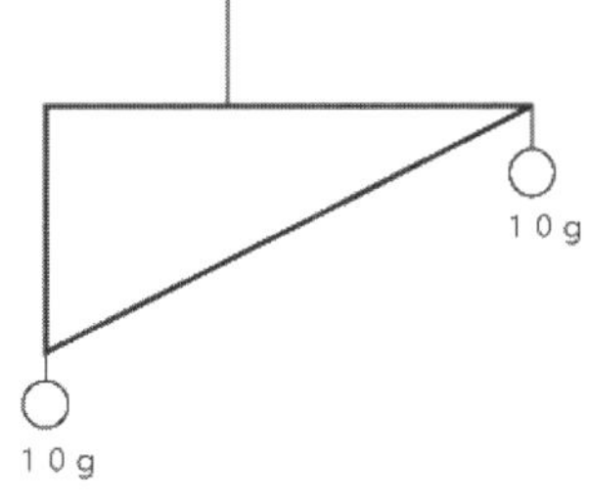

ここで，前回問題となっていた意見が出た。

左が傾くと考えた子である。「支点からの距離が遠いほど重い。それは糸の長さも含むはずだ。この場合，距離を求めると，明らかに左のほうが長い。そこで，左が傾くはずである」という理由だ。

右に傾くと考えた子は，「支点からの距離とは，糸の長さを含まないのではないか」というのが理由だった。

つり合うという意見は，「もともとつり合っているのだから，同じ重さのおもりをつけても，つり合うだろう」ということだった。

結果は，「右が傾く」である。

VIII てこの規則性

子どもから出た意見が正しいのかどうか教師実験で確かめる

ここで，支点からの距離は，糸の長さに関係ないという実験を私がしてみせた。

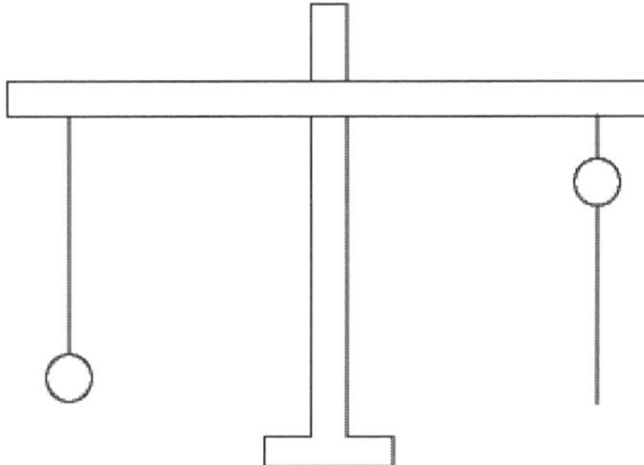

糸の長さを長くしたものと，棒からの距離が短くしたものとで，比べて見せたのである。

子どもたちは興味津々で結果を見ていた。全員の目が，てこ実験器に集中した。

結果は，糸の長さに関係なく「つり合う」である。つまり，支点からの距離に糸の長さが入らないことが明らかになったのである。

支点から等距離でおもりをつるした場合

支点から等距離に，同じおもりをつけます。どうなりますか。

・左が傾く　：2 人　　理由「左のほうが面積が大きいから」
・右が傾く　：1 人　　理由「右のほうが面積が大きいから」
・つり合う　：26 人　　理由「支点からの距離が同じだから」
・その他。

支点からの距離が同じなので，つり合うと考えた子が多かった。面積の違いから，ひょっとすると左右に傾くかもと考えた子もいた。

結果は，「つり合う」である。

授業の最後に，「わかったこと」を書かせた。

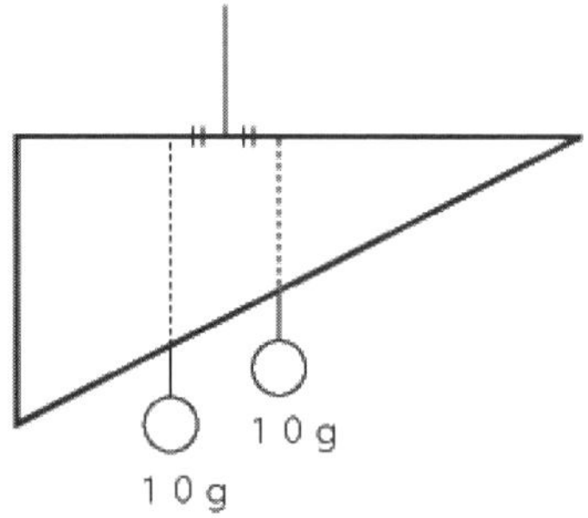

参考文献

「楽しい科学の授業シリーズ　科学教育研究３　天びんとさおばかり」板倉聖宣著，仮説実験授業研究会編　国土社　1983

第８時

てこの原理をさらに追究するⅡ

子どもから出た疑問を解決する

前回の授業である子が言った。

「糸の位置で切ったら，どっちが重いんだろう。」

「糸の位置で切ったら，どっちの面積が大きいんだろう。」

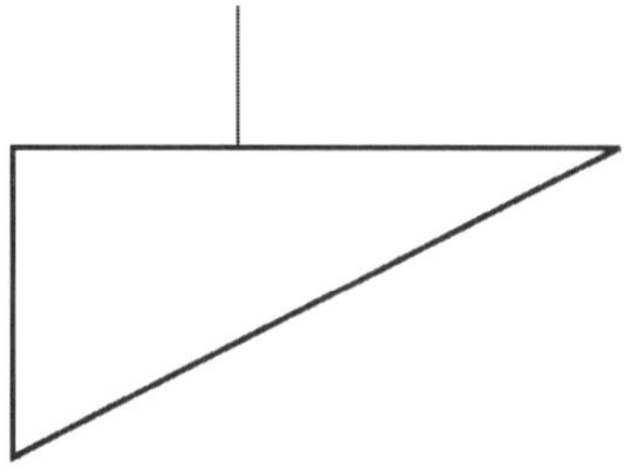

この疑問をもとにして，次のように尋ねてみた。

糸でつり合わせている位置で，発泡スチロールを切ります。
左側と，右側と，どちらが重いですか。

・右が重い　：4 人
・左が重い　：6 人
・どちらも同じ重さ　：21 人

理由を書かせ，発表させた。

〈右が重い理由〉

・「右のほうが面積が大きく見えるから。」
・「支点からの距離が長いほうが，重くなるから，支点からの距離が長い右側が重いはずだ。」

〈左が重い理由〉

・「左のほうが面積が大きいように見える。」
・「支点からの距離が長いほうが下にさがる力が大きくなるのだから，支点からの距離が短いほうが重くないとつり合わない。」

〈同じ重さの理由〉

・「つり合っているところで切るのだから，左と右は同じ重さにならなくてはならない。面積も同じはず。」

理由を発表してもらったあとで，次のように意見が変化した。

・右が重い　：1 人
・左が重い　：7 人
・どちらも同じ重さ　：23 人

発表スチロールを，カッターで 2 つに分けた。

そして，切った発泡スチロールを電子天秤に置いた。

結果は，右が 18g，左が 22g であった。

つまり，左のほうが重かったのである。しかも，同じ素材なので，面積も大きいことがわかった。

理由を考えさせる

なぜ，左のほうが重くないといけないのですか。

もう一度，結果をもとに考えさせた。

「支点からの距離が長いほうが下にさがる力が大きくなるのだから，支点からの距離が短いほうが重くないとつり合わない。」という意見が出ていたのを確認した。

第９時

身のまわりの道具でてこの原理を探る

知識を活用させる

身のまわりの道具で，支点，力点，作用点を判断させた。

まずは，支点，力点，作用点の意味を確認した。

砂袋を持ち上げている絵を描いて，具体的に示した。

次に，「はさみ」で，支点・力点・作用点を考えさせた。

これは，全員が正解した。

さらに，「せんぬき」で考えさせた。支点の位置が難しい。何人かはまちがえていた。

続いて，ステープラー，くぎぬき，空き缶つぶし機，を考えさせた。

余った時間で，教科書の最後のページを解かせた。

「てこ実験器の左右に，違う数のおもりをつなげる。傾くか，つり合うか。その理由を説明せよ。」という問題である。

班で相談してもよいことにした。

できた班から持ってこさせた。

なぜこの答えになったのかを説明させた。

説明が少しでも詰まると，「やり直し」と言って，班の席に戻るように告げた。

子どもたちは，何度も理由の説明の練習をしていた。

答えが合っていて，かつ，理由も明確に説明できた班から合格とした。

理由を言わせる際，4人班の全員1人1回は当たるように指名した。

子どもたちは，合格するために，本気になって最終問題を解いていた。

できない子が苦戦していたのが，「おもりの数×距離」を使って，「左右がつりあう場合のおもりの数」を計算で求める問題である。

「おもりの数×距離」を使う機会をたくさん用意したい。

第10時

学習したことをノートにまとめる

問いを立てさせる

理科のノートまとめは，最初に問いを立てさせるようにしている。

そして，問いに続いて，調べ方や答えを書いていくようにさせている。

つまり，次の順番でノートに学習のまとめを書かせている。

1 問い「いちばん軽く持ち上げる方法は何か？」
2 どうやって調べたか。
3 答え。

子どもが立てた「問い」には，例えば，次のようなものがあった。

「てこのきまりは何か？」

「てんびんをつくる時のコツはなにか？」

問いを立てて，その実験方法と結果・結論を書かせる。

こうやって，全ての時間に学んだことをもう一度思い出させる。

このことによって，知識が定着していく。

Ⅸ 水溶液の性質

Ⅸ　水溶液の性質

水溶液の学習を終えたあとで，次のような反応を示す子はいないだろうか。

「酸性とかアルカリ性とか，よくわからなかった。」

「わけのわからない液体が出てきて，怖かった……。」

「なんだか難しかった。」

子どもが学習内容を「わからない」と感じるのは，授業のやり方が悪いという場合が多い。

例えば，次のような展開の授業をよく見る。

まず，6つの未知の液体を，教師が出す。

次に，「何が溶けているのだろう？」と尋ねる。

子どもたちは，わけのわからない液体に，どんなわけのわからないものが溶けているのかを調べ始める。

しかし，そう簡単に調べられるはずがない。なんといっても，導入の実験だからである。

そして，「よくわからないものが溶けていた。」と疑問をもって終わる。

このように，いきなり不思議な液体が出てきても，子どもとしては理解しにくい。

おまけに，この液体は酸性です，とか，あの液体はアルカリ性ですとか言われても，混乱するだけである。

子どもを理科嫌いにしようと思ったら，「わからないもの」を，「わからない用語」で説明すればよい。そのような，子どもにとって「難しい」と感じる授業をしていれば，立派な理科嫌いの子どもたちが誕生してしまう。

もっと，シンプルに授業を進めるほうが，子どもたちはよく理解できる。

例えば,「気体が溶けた液体がある」ことを教えるとする。ならば,液体を５つも６つも用意する必要はない。気体が溶けた液を１つ用意すれば十分である。

シンプルに授業を進めていくことを心がけたい。

習得させたい知識

1　水溶液は，酸性，アルカリ性，中性に分けられること。
2　水溶液の中には，気体が溶けているものがあること。
3　水溶液の中には，金属を変化させるものがあること。

習得させたい技能

1　水溶液の性質を理解し，未知の液体を判定できる。
2　ろ過を正しく行うことができる。
3　水溶液の取り扱いや廃棄などを安全に行うことができる。
4　リトマス紙を使って水溶液の酸性，中性，アルカリ性を判別できる。
5　水溶液に溶かした金属が変化したかどうかを調べ，結果をもとに別のものに変化したと推論することができる。

単元実施計画

時　間	学習内容と指導方法の重点
第１時	【習得】水溶液には気体が溶けているものもあることを知る
第２～３時	【習得】酸性・中性・アルカリ性を知る
第４時	【活用】紫キャベツで水溶液の性質を調べる
第５時	【習得】塩酸とアンモニア水を調べる
第６時	【習得】金属を溶かす実験を行う
第７～８時	【習得】溶けた金属は元の金属と同じか
第９～10時	【活用】６つの未知の液体を判定する

第1時

水溶液には気体が溶けているものもあることを知る

水溶液の意味を思い出させる

「水溶液」の意味をノートに書きなさい。

「水に何かが溶けた液体のことです。」
水溶液の名前をあげさせた。
子どもが出した水溶液の中から，次の４つを板書した。
1　食塩水
2　石灰水
3　ホウ酸水
4　炭酸水

溶けているものは何かを考えさせる

これらの水溶液には何が溶けていますか。水溶液の隣に書きなさい。

子どもたちは，炭酸水以外はすぐにわかった。すでに学習済みだからである。
1　食塩水→食塩
2　石灰水→石灰（正確には，水酸化カルシウム）
3　ホウ酸水→ホウ酸
炭酸水で悩んでいる子が多かった。
4　炭酸水→（炭酸かな？　二酸化炭素かな？）

何が溶けているのかを，どうやったら調べられますか。

「水を蒸発させればよい」という意見が出た。
ここで，教卓の前に子どもを集めて，実験して見せた。
食塩水を蒸発させると，食塩が出てくる。
石灰水を蒸発させると，白い粉が出てきた。これが石灰（水酸化カルシウム）であることを教えた。（ちなみに，運動場のライン引きの粉には，主に炭酸カルシウムが使われる。）
ホウ酸水は，ホウ酸が出てくることは学習済みである。

炭酸水を紹介する

最後に，炭酸水を取り出した。
「これが炭酸水です。」と見せた。
「見たことある！」，「ジュースでしょ。」と子どもたち。
「飲んでみます。」と私。
「いいなぁ～。」
「おいしい。おいしい。」と言いながら飲む。
「いいな～。（大合唱）」
子どもたちの羨望のまなざしを受けつつ，「さて，蒸発させてみます。」と実験開始。
蒸発させてみると何も残らない。
「？」
「泡が出た？」
「何も残りませんね。ということは，何も溶けていないのですか？」
「泡が出たよ。」
子どもたちは口々に言った。
泡が出たことに気づいたのはすばらしい，とほめて次のように説明した。
「実は，炭酸水には，二酸化炭素が溶けているのです。気体が溶けているのです。証拠を見せます。」
こう言って，石灰水に炭酸水をそのまま入れた。すると石灰水は一瞬白くなった。泡が消えたら，また透明になった。

もう一つ実験した。炭酸水の瓶の口にゴム管をつける。ゴム管の先を石灰水の中に入れる。炭酸水の瓶を振って，ゴム管の先から二酸化炭素を出すと，石灰水が白く濁る。
「炭酸水は，水に二酸化炭素が溶けたものなのです。」

炭酸水はおいしい？

「この炭酸水は飲んでも安全なので，飲んで調べてもらいます。」
「えっ飲めるの？　やったぁ～。」
子どもに飲ませてみる。おいしいと期待している子どもたち。
ところが……，味がしない。
「あれっ，おいしくない！」
「ジュースと違う！」
「炭酸水は，二酸化炭素が溶けている水溶液です。砂糖は溶けていません。果汁も溶けていません。二酸化炭素だけです。なので味はしません。」
子どもたちはがっかり。でも飲めることに喜んでいた。

二酸化炭素は水に溶けるのかを調べさせる

二酸化炭素は，本当に水に溶けるのでしょうか。

まず，私が実験して見せた。
ペットボトルに水と二酸化炭素を入れ，振ってみる。すると，ペットボトルがボコッとへこむ。
子どもたちから，驚きの声があがった。
ここで尋ねた。
「ペットボトルの蓋を開けると，どうなるかな？」

「二酸化炭素が出てくる？？」

プシュッという音とともに，二酸化炭素の泡が出てきた。

「残った炭酸水を思い切り振って，二酸化炭素を出してごらん。」

破裂するぐらい激しく二酸化炭素が出てきて火山の噴火のようになる。

「水溶液には気体が溶けているものがある」とまとめた。

第2～3時

酸性・中性・アルカリ性を知る

3つの性質の大まかなイメージを伝える

「今日は，水溶液の性質を調べてもらいます。」

水溶液の性質は，3つに分けられることを教えた。

「酸性」，「アルカリ性」，「中性」の大まかなイメージを黒板に書いた。

酸性	：レモンのようにすっぱい味を感じる液体。
アルカリ性	：苦い味のする液体。
中性	：酸性とアルカリ性の中間。水は中性。

リトマス紙を使って水溶液の性質を調べさせる

全員を教卓に集めた。

そして，一度私がリトマス紙を使って見せた。

やってみせることで，使い方を理解させることができる。

いろいろな水溶液が，何性かを調べてごらんなさい。

次の物を用意した。

・食酢
・台所洗剤
・せっけん水
・砂糖水
・レモン水
・食塩水
・炭酸水

結果を予想させた。

食塩水や炭酸水を「アルカリ性」と考える子がいた。苦い味がするという理由からである。

結果は，食塩水が中性。炭酸水が酸性となった。アルカリ性なのは，「せっけん水」である。

私はリトマス紙の使い方を見て回った。まちがった使い方をしている場合，教えて回った。例えば，リトマス紙を手でもつ子や，ガラス棒を洗うのを忘れている子がいた。やってみせたあとに使い方をチェックするのも，教師の大切な役割である。

水溶液を捨てる時の注意点

実験後に，水溶液の捨て方を教えた。

「酸性の液体やアルカリ性の液体をそのまま流してはいけません。水の汚れの原因になるからです。酸性の液体とアルカリ性の液体を混ぜてから流します。混ぜると，中性になるからです。」

「酸性とアルカリ性で，打ち消し合うんだね。」と言っている子どもがいた。その通りだとほめた。

この中和作業で，アルカリ性と酸性がどれだったかをもう一度確認させることができる。

第４時

紫キャベツで水溶液の性質を調べる

紫キャベツの汁の作り方を教える

紫キャベツの汁でも，酸性，中性，アルカリ性を調べられます。

紫キャベツを子どもたちに見せた。
「サラダに入っています。」と言うと，思い出した子もいた。
紫キャベツに含まれる成分（アントシアニン）が，酸性とアルカリ性の強さによって変化する。
混ぜるための水溶液は，３つだけ用意した。「炭酸水」，「せっけん水」，「食酢」である。
３つに絞ったのは，水溶液が多いと混乱する子がいるからである。
簡単に，実験方法を説明した。

1　紫キャベツを細かく刻む。
2　紫キャベツを煮込む。
3　炭酸水やせっけん水を入れてみる。
・酸性は赤色。
・中性は紫色。
・アルカリ性になると，黄色になる。

たくさんの色をつくらせる

いろんな色をつくってごらんなさい。３種類できたら合格です。

最初，子どもたちは，恐る恐る，食酢を入れたり，炭酸水を入れたりしていた。色が変化したのを見て，「赤色になった！」，「黄色に変わった！」と，感動の声をあげた。

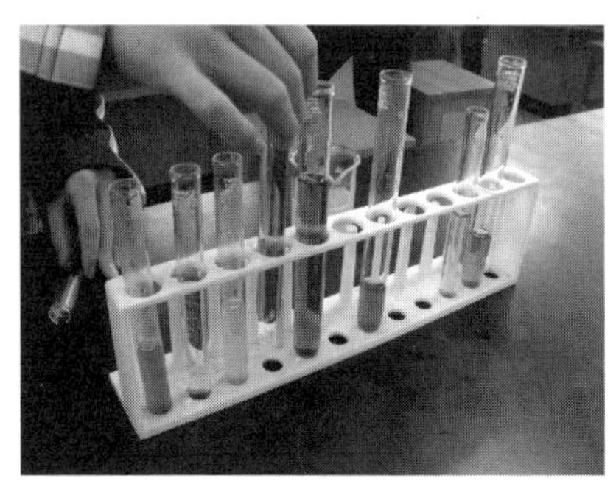

しばらくして，子どもたちの動きに変化が見られるようになった。

「1滴ずつ入れてみようか。」

「たくさん入れてみよう。」

などと相談を始めたのである。

どうやら，入れた量によって，色の変化に違いがあることがわかったようである。「弱酸性だと，別の色になるよ。」などと相談している子がいた。

さらに,「上の方だけ黄色で下の方は紫」のように,1つの試験管でも，色のグラデーションができるということを発見した子もいた。

「きれいだねぇ。」と，試験管をじっと見つめていた。

しばらくして，子どもたちは，さらに別の発見をした。酸性の水溶液とアルカリ性の水溶液を混ぜると，色の変化の仕方がまた違ってくるという発見である。

炭酸水を入れたあとに石けん水を入れる，といった実験をする子が出てきた。子どもたちは,「青ができた！」とか「緑になった！」とか大喜びであった。

捨てる前の中和作業

捨てる前に，子どもたちは，自然と中和作業を行っていた。

「紫色にしてから捨てるんだよね。」などと言いながら，流しに捨てていた。

第5時

塩酸とアンモニア水を調べる

2つの新たな水溶液を紹介する

「今日は，危険な水溶液を紹介します……。」

ざわつく子どもたち。

「ええ～。」「ついに……！」

「一つは塩酸です。皮膚や服についたり，目に入ったりするととても危険です。もう一つはアンモニア水です。これも触れてよいものではありません。皮膚につくと炎症を起こします。目に入ると危険です。」

もしも，塩酸やアンモニアがついた場合，どうしますか。

「直ちに大量の水で洗い流す」ことを教えた。

調べ方を確認する

水溶液の性質を調べる方法は何でしたか。

・色を見る。
・においをかぐ。
・さわる。（ダメだよ～，の声。）
・味を確かめる。（もっとダメだよ～，の大合唱）
・リトマス紙で調べる。
・蒸発させて何が溶けているか確かめる。

「この中でやってはいけないのは，どれですか。」

「さわる」と「味を確かめる」である。

危険な液体を調べる時には，この方法は使えないことを教えた。

注意すべき点を確認する

注意点を説明した。

1　蒸発する時に，危険な気体が出ます。吸わないようにしなさい。窓は全開にしておきます。換気扇も回します。

2　臭いは直接かぐときついので，手であおいで確かめなさい。

3　目に液が入ると困ります。保護メガネを使ってもらいます。

子どもたちは，保護メガネをかけることを，とても喜んでいた。

何だかカッコいいというわけである。

試験管に，水溶液の名前を書きなさい。
油性マジックで，試験管に直接，名前を書いてかまいません。

油性マジックは，あとから「エタノール」で消すことができる。

塩酸とアンモニア水は，薄めたものを私が試験管に入れてやった。

結果を表にまとめさせる

子どもたちはそれぞれの水溶液の性質を調べ始めた。

塩酸に気体が溶けていることは，濃塩酸の瓶の蓋を開けるとよくわかる。もやもやとしたけむりのようなものが見える。

実験が終わった班から，それぞれの水溶液の性質を表にまとめさせた。表はあらかじめ，黒板に書いて示しておいた。

水溶液の名前	色など	におい	溶けているもの	何性か
塩酸				
アンモニア水				

第6時

金属を溶かす実験を行う

実験のやり方をノートに書かせる

「今日は，塩酸を使って，金属を溶かす実験をします。」

子どもたちの反応。

「こわそう……。」

「でも楽しみ……！」

塩酸の中に金属を入れる実験である。

塩酸は，3mol/L のものを使用する。前回より濃いので十分注意させる。

入れる金属は2種類。スチールウールと，アルミニウムである。

実験の手順を，ノートに写しなさい。

1　塩酸をビーカーに入れる。
2　水を別のビーカーに入れる。
3　試験管に，スチールウールとアルミニウムはくを入れる。
4　ピペットを使って，試験管に塩酸を入れる。

準備物を書きなさい。

忘れてはいけないのは，「保護めがね」である。

注意点を教えた。

・塩酸は，試験管の下から4cm ぐらいまで入れること。
・反応が激しすぎる場合は，試験管を水で冷やすこと。
・換気を十分にしておくこと。

どのように溶けるかを観察させる

ノートや教科書を全てしまった班から実験を始めなさい。

スチールウールは，塩酸を注いだ瞬間，泡を激しく出して溶ける。
アルミニウムは，塩酸を注いでも，泡は出ないように見える。
しばらくすると，アルミニウムも激しく泡を出して溶け始める。
結局，アルミニウムもスチールウールも，全部溶けてしまった。
実験後に指示した。

気づいたことを書きなさい。

・アルミニウムのほうが，泡が出て溶けるまでに時間がかかった。
・塩酸の色が変わった。

結果を書かせた。

「スチールウールとアルミニウムはくに塩酸を入れると，泡を出して溶けた。」

第7～8時

溶けた金属は元の金属と同じか

塩酸に溶けたアルミニウムを取り出す実験をやって見せる

金属の溶けた水溶液を蒸発させると，元の金属が取り出せますか。

「取り出せる」と考えた子が半数ほどいた。
まず，塩酸に溶けた「アルミニウム」を取り出す実験を行った。
実験は，私がやってみせた。

なぜなら，教科書の実験は複雑すぎるからである。
解説がないと，何をやっているのか，わけがわからなくなる。
次のように実験をやって見せた。

1　アルミニウムが溶けた液をろ過する。

「なぜろ過をするのですか？」
子どもたちは悩んでいた。答えは，「溶け残ったアルミニウムを取り除くため」である。

2　ろ過をした液を，ピペットで2～3滴だけ，蒸発皿に入れる。

3　蒸発させる。気体（塩化水素）を吸わないように指示。有毒である。

4　出てきた白い粉を調べる。

実験をやってみせたあとで，子どもにも実験をさせる。
子どもの反応。
「取り出せたけど，光ってなくて，何やら変？」

取り出したアルミニウムは別のものか

もとのアルミニウムと違うところは何ですか。

・光っていない。
・色が白っぽい。
「水に入れると溶けます。」
水に溶かして見せた。

溶けたアルミニウムは，溶かす前のアルミニウムと同じですか。

「違うものになってしまった。」と答えが返ってきた。

今日の授業の結論を書きなさい。

・塩酸は金属を溶かすことができる。

・溶けた金属は，別のものに変化する。

「食塩が水に溶けるのと，金属が塩酸に溶けるのとは違います。溶けた金属は，別のものに変化したのです。」
と説明した。

第9～10時

6つの未知の液体を判定する

判定の手順を相談させる

正体のわからない6つの液体を判定してもらいます。
次の6種類を用意しました。

・水
・石灰水
・アンモニア水
・塩酸
・炭酸水
・食塩水

実験の前に，石灰水はアルカリ性であることを，やって見せて確認した。

また，塩酸を蒸発させると，塩化水素という毒性の強い気体が発生するので注意するように言った。喚起を十分にして，直接吸い込んだり目に入ったりしないようにしなくてはならない。

※水酸化ナトリウムは蒸発させてはいけない。濃い液体になり，大変危険。判定させる液体の中には入れないようにする。

液体を判定するための，実験方法を考えてノートに書きなさい。
班で相談してもいいです。

班によって，実験方法は異なっていた。

例えば，いきなり「二酸化炭素を入れて，白く濁るかどうか確かめよう」などと言っている班もあった。

これは，正しい実験方法ではない。

なぜなら，「二酸化炭素は水に溶ける」ということを学習しているからだ。二酸化炭素が水に溶けると，液体の性質が変わってしまう。

「まちがった方法をすると，失敗しますよ。」と警告しておいた。

警告があったので，子どもたちは，真剣になって話し合いを始めた。本当にこの実験方法で確かめられるかどうかを，班でよく吟味していた。

子どもたちが採用した実験方法

実験方法と準備物が書けた班から，実験を開始させた。

子どもたちは，次のようにして調べている班が多かった。

1 まず，目で見る。においをかぐ。
2 次に，リトマス紙で判定する。
3 蒸発させる。
4 だいたい液体が判定されたら，二酸化炭素を入れたり，鉄を入れたりしてみる。

全ての班が，未知の水溶液を判定することができた。

X 電気の利用

X　電気の利用

5年生では,「電流」から「磁界」が生まれることを学習した。

本単元では,「磁界」から「電流」が生まれることを学習する。

子どもたちがいちばん不思議に思うのは,「磁石の力によって,電気が生まれていること」である。よって,最初に「磁石の力が電気を生みだす原理」について教えたい。そのあとで,発電機を紹介する。そうすれば,発電機の仕組みをすんなりと理解させることができる。その流れで,水力発電や風力発電,火力発電も説明できる。

また,本単元では,「光」から「電流」が生まれることも学習する。「光電池」の場合,原理の説明までは難しい。ここでは磁石の力だけでなく,光からも電流が生み出されるということを紹介するに留める。

いずれにしても,原理の難しい「発電機」なので,体験をたっぷりとさせたい。

「手回し発電機を使っていろいろと試してごらんなさい。」

子どもたちは,思い思いの実験を始めた。たっぷりと発電機に触れさせたところで,「気づいたこと」を書かせた。気づいたことは,カードに書かせ,似たようなものはまとめて分類させた。そのあとで,子どもの疑問を解決する時間をとるとよい。

つまり,次のような展開をとるのである。

1　手回し発電機の仕組みを教える。

2　自由にいろいろと実験させる。

3　気づいたこと,疑問,調べてみたいことをカードに書かせる。

4　一つ一つ確かめていく。(問題は教師が選ぶ。)

5　発展的な課題があったら,それも調べる。

なお,「電気による発熱」は中学校へと移行となったが,電気を熱に変えることができることは小学校でも教えることになっている。

習得させたい知識

1　電気は，磁石の力や光によってつくりだせること。

2　電気は，蓄えることができること。

3　電気は，光，音，熱，運動などに変えることができること。

4　身のまわりには，電気の性質やはたらきを利用した道具があること。

習得させたい技能

1　体験の中から問題を発見することができる。

2　変える条件と変えない条件を制御して，実験を行うことができる。

3　風力発電や水力発電の仕組みを，学習した知識を活用しながら考えることができる。

単元実施計画

時　間	学習内容と指導方法の重点
第１時	【習得】磁石の力から電気が生まれることを知る
第２～３時	【習得】手回し発電機を使っていろいろ試してみよう
第４～５時	【探究】発見した疑問を追究する
第６時	【探究】発電機をさらに詳しく調べる
第７時	【探究】意見の食い違いを解決する
第８時	【習得】つくった電気をためて使おう
第９時	【探究】発光ダイオードと豆電球はどちらが省エネか？
第10時	【習得】電気を熱に変えよう
第11時	【習得】光電池を使って電気を生み出そう
第12～14時	【探究】電気を利用したプログラミングを考える
第15時	【活用】学習したことをノートにまとめる

第１時

磁石の力から電気が生まれることを知る

導線に磁石を近づけると電気が生まれることを見せる

今日は，乾電池を使わずに，電気をつくります。

「ええっ？　そんなのできるの？」といった表情の子どもたち。
「5年生の時を思い出しなさい。電気から磁石の力が生まれましたね。反対に，磁石の力をつかって電気を生みだすことができるのです。」
　黒板に書いた。

電気から，磁石の力が生まれる。
磁石の力から，電気が生まれる。

　そして，一度やってみせた。
　用意したのは，コイルである。電磁誘導で発電するコイルが，市販の教材として売られている。

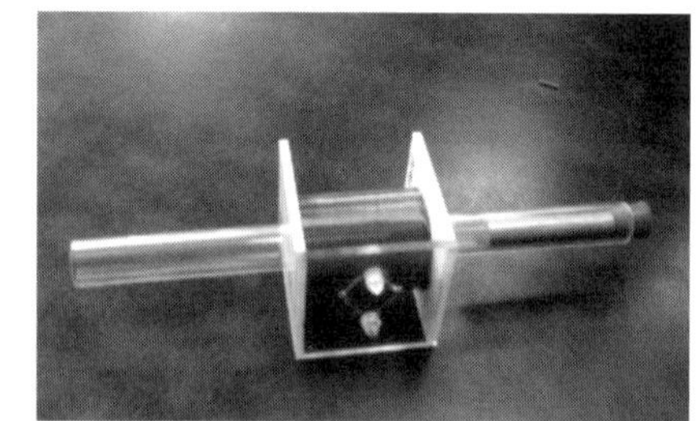

　コイルは，子どもたちもよく覚えていた。コイルとは，すなわち，導線を巻いたものである。このコイルに，LED をつなげる。
　このままだと，何も起きない。ただの導線に，LED がつながっているというだけである。
「乾電池を使わずに，明かりをつけます。」
　子どもたちは，「そんなのできるの？」と興味津々だった。
　磁石をコイルに近づけた。何も起きない。
　磁石をコイルにつけてみた。何も起きない。

ところが，コイルの中に磁石を通してみた。

すると，一瞬だが，明かりがついた。

続けてコイルの中に，何度も磁石を通した。

LED がピカピカと点灯した。

「磁石の力で，電気が生まれています。磁石を，導線の近くで動かすと，電気が生まれるのです。」

発電機の仕組みを教える

手で磁石を動かすのは大変なので，ハンドルをつけました。

こういって，大きな手回し発電機を見せた。提示用の手回し発電機である。とても大きい。

子どもたちは，「モーターと一緒だ！」と声をあげた。モーターの仕組みとまったく同じであることを説明した。

「乾電池はついていません。」と，繰り返し強調した。そして，ハンドルを回転させた。

さっきとは違って，コイルのほうが，回転する。

磁石を動かすのと，コイルを動かすのと，どちらでも同じことだと説明した。どちらも，電気が発生する。

豆電球が光った時，感動の声があがっていた。

発電の方法による名前の違いに気づかせる

手で回すのは疲れますね。
もっと楽に，人間の力を使わずにモーターを回す方法はないですか。

「水の力を使う？」→「水力発電と言います。」
「風の力を使う？」→「何発電と言いますか？」→「風力発電です。」
このように，発電の方法によって，名前が変わってくることを教えた。
火力発電は，石油や石炭などを燃やして水を熱し，蒸気でタービンを回して電気をつくる。結局は羽根車を回して電気をつくっているのである。

モーターだけの発電にチャレンジ

乾電池を使わず，モーターだけを使って豆電球に明かりをつけてごらんなさい。

こう言って，ペアにモーターを１つ配った。
モーターと豆電球をつなぐ。そして，モーターの先を回転させれば，豆電球の明かりがつくというわけである。
ところが，かなり回転させないと，豆電球の明かりはつかない。何度やっても，明かりがつかない。この,「何度やっても明かりがつかない」ところがポイントである。あっさりついてしまうとおもしろくない。
教科書には,「割箸にテープを巻いて，それをモーターの先にこすりつけよう」となっている。しかし，うまくいかない。回転をよほど速くしないと，明かりがつくほどの電気が生まれないためだ。
10分後。「やったついた！」の声。
「うそっ⁉」
「どうやって⁉」
集まる子どもたち。
なんと，いちばんについたのは，力の強くない女の子であった。
「コツを教えて！」の大合唱。
１人ができると，不思議といっきにみんなができるようになる。
明かりがついた時，子どもたちは歓喜の声をあげていた。
「火おこしのような感動があった」とやんちゃな男の子は言っていた。

第2～3時

手回し発電機を使っていろいろ試してみよう

楽に回せるモーターです

手回し発電機を2人に1つ用意した。

まずは，手回し発電機の説明をした。

手回し発電機といいます。
この中には，モーターが入っています。
ハンドルを回すと，モーターも回って，電気が生まれます。
モーターにハンドルがついているので，楽に回せます。
手回し発電機とは，楽に回せるモーターのことです。

一度やってみせた。

「モーターなので，豆電球をつなぐと明かりをつけることができます。」

こう言って，手回し発電機に豆電球だけをつないで（ソケットを使わずに），豆電球を光らせて見せた。

「今日は，いろいろな物を使います。」

次の物を用意した。

1　4人班に2つの手回し発電機
2　豆電球とソケット
3　プロペラつきモーター
4　電子ブザー

「発電機もモーターなので，発電機どうしをつないでもいいです。」

と説明した。

豆電球は，ある程度電圧がかかっても，フィラメントが切れにくいものを購入するとよい。

手回し発電機を使った自由試行

発電機を使って，明かりをつけたり，プロペラを動かしたり，いろいろと試してごらんなさい。

自由に実験させた。

最初は，豆電球の明かりをつけている子が多数いた。

その次に，プロペラつきモーターをつないでいた。

そして，電子ブザーの音を出していた。

しばらくして，複数の物を，手回し発電機につける子が表れた。手回し発電機で，豆電球の明かりをつけると同時に，プロペラも回そうという子である。

さらに，時間が経って，手回し発電機どうしをつなぐ子が現れた。

手回し発電機どうしをつないでいる子どもたちは，一方のハンドルを動かすと，もう一方のハンドルも動くことを発見し，「ロボットだ！」と言って，動かして遊んでいた。

そして，最後は，4 人班で協力しながら，発電機を 2 つ使って，プロペラと電子ブザーと豆電球の全てを同時に使えるかどうか試していた。

気づいたことをカードに書かせる

気づいたことや疑問をカードに書きなさい。
1 枚のカードにつき，1 つの気づきや疑問を書きます。

時間を 20 分とった。

28 名で，224 個のカードが作成された。1 班あたりだいたい 30 個の気づきが出たことになる。

同じような気づきは，カードを一緒にして，ホッチキスで止めなさい。

分類作業をさせることで，自然と，子どもたちの意見の交流が行われていた。子どもたちの，主な気づきは次のようになる。

・モーターを回すと，プロペラも回る。そして，モーターを逆に回すと，プロペラも逆に回る。
・モーターを2つつないだ。すると，片方を回すと，もう一方も回る。
・モーターに，たくさんの物をつなぐと，ハンドルが重くなる。（抵抗を並列につないだ場合）
・豆電球は，ハンドルをどっちに回しても明かりがつく。（電子ブザーの音も鳴る。）
・発電機が2つになると，豆電球はよく光る。
・発電機が1つでも，すばやくハンドルを回すと，豆電球の光は明るくなり，プロペラの回転も速くなる。
・発電機を3つにして，豆電球の明かりをつけると，ハンドルがとても軽い。（発電機を並列につなぐ場合）
・モーターは，発電機を弱く回すと回らない。
　※これはとても大切な知識である。つまり，電圧が大きいと（ハンドルを速くまわすと），遠くにも電気が伝わるが，電圧が低いと遠くに電気は流れないのである。
・発電機2つだと明るくつくが，2つの発電機を互いに逆の方向に回すと明かりはつかない。

子どもの主な疑問として，次のものが出ていた。

・電気がどれぐらい発生しているのか，電流計で調べたい。
・豆電球が切れたのはなぜか。
・発電機に，モーターと電子ブザーと豆電球を全てつなぐととても重くなるのはなぜか。

子どもたちの「意見の食い違い」は次である。

・1つの発電機に，電子ブザー，豆電球，プロペラつきモーターの3つをつないだら（直列に），同時に動くのか，それとも発電機に近いほうから順番に動くのか？

その他の感想。

・この実験はとてもおもしろい！
・電気は簡単に発生した。とても身近だ。
・避難用ラジオと同じ。
・発電機を増やして，大きなプロペラを回して扇風機を作りたい。

班ごとに発表させる

発見したことを，班で１つ発表しなさい。

どの班も，いちばんすごいと思う発見を選んで１つ発表していた。

ここで難しいのは，手回し発電機の「手応え」と，「回転の速さ」では意味が異なることである。「回転の速さ」は「電圧」である。これは理解しやすい。乾電池を増やすことと同じである。

一方，「手応え」は，「電流」の量を意味する。回路全体に電流が増えるほど，手応えも大きくなる。言い換えれば，抵抗が少なく電流が大きいと，手応えも大きくなるのだ。手応えは，手回し発電機の仕組みや原理に関わってくるため，理解させるのは難しい。気づきの発表で多少の混乱が見られるので注意が必要になる。

第４～５時

発見した疑問を追究する

子どもの疑問に答える

最初に，子どもから出た疑問を紹介した。

【疑問】豆電球が切れたのはなぜか？

答えを子どもたちに尋ねてみた。

「豆電球の中の線が切れてしまったから。」という答えが出た。
答えを教えた。「電気がたくさん流れて，フィラメントが焼き切れたから」である。

【疑問】発電機に，モーターと豆電球を複数つなぐと，手応えはどうなるか。

直列につなぐと，手応えは軽くなる。抵抗が大きくなり，電流が流れにくくなるからである。
しかし，子どもたちの中には，「重くなる」と答える子もいる。子どもたちは，「1個のときと同じ明るさまで頑張ろう」と思っているので，回転の速さ（電圧）を上げようとする。その結果，直列でも「重くなる」などと表現するのだ。
反対に，並列につなぐと，手応えは重くなる。同じ速さで回転させると，手応えは1個のときより，並列だと重くなり，直列だと軽くなる。子どもたちに答えを尋ねてみると，次のように返ってくる。
「たくさんつなぐと，電気が流れにくくなるから，重くなる。」
子どもたちは，「電気抵抗＝肉体的な手応え（抵抗）」だと思っている。しかし，本当は，電気がたくさん流れるほど（抵抗が小さいほど），手応えは大きくなるのである。直列，並列につないだ場合で，手応えを調べさせる。回路は，教師が示してやるとよい。
原理の説明を軽くしておく。抵抗を直列につなぐと，電気が流れにくくなるので，手応えは軽くなる。反対に，抵抗を並列だと，電気が流れやすくなるので手応えは重くなる。多少ニュアンスは異なるが，仕事をしないでよくなるときは，手応えが軽くなるなどとしても分かりやすい。

電流と抵抗と電圧の関係

【疑問】電気がどれぐらい発生しているのか，電流計で調べたい。

電気がどれぐらい流れるのかは,「抵抗」と「電圧」によって変わる。つまり,「ハンドルの速度」(電圧)と,「何を何個,どうつなぐか」(抵抗)によって,電流の大きさは変わるのである。

「電流は,電圧と抵抗によって決まる」というのを説明するのは困難である。が,体感させることならできる。

発電機に,豆電球やモーターなどをつなぎます。電流計もつなぎます。どれぐらい電流計に電気が流れるか調べてごらんなさい。

電流計を直列つなぎで接続するのは,私が一度お手本でやってみせた。黒板にもつなぎかたを書いた。

子どもたちは最初,モーターと電流計だけを発電機に接続して確かめていた。ちなみに,小さい豆電球だとすぐにフィラメントが切れてしまう。よって,この実験をする時には,電圧が高まっても切れにくい豆電球を購入しておきたい。

モーターをつなぎ,ハンドルを速く回して,0.5アンペア流れることがわかった。限界まで速く回すと,0.8アンペア流れる。

ところが,モーターと豆電球を両方つなげる(直列)と,もっと電流は流れにくくなる。(ちなみに,抵抗を並列につなげると電流はむしろ流れやすくなる。)

子どもたちは体感的に次のことを学んだ。

・ハンドルを速く回すと,たくさん電流が流れる。(電流と電圧の関係)
・いろいろなものを回路につなげると,電流が流れにくい。(電流と抵抗の関係)

第6時

発電機をさらに詳しく調べる

子どもの問題意識から生まれた課題

子どもたちの気づきや疑問をもとに，次の課題を提示した。

発電機１つで何個ぐらい豆電球がつくか？

「楽しみ～。」と子どもたち。

「何個ぐらい明かりがつくかを予想して，ノートに書きなさい。」

３個ぐらいと考えた子が多かった。

意見を確認したあと，黒板の前に集まるように指示した。

そして，豆電球の直列つなぎを一度やって見せた。

「2個ぐらいなら，簡単につくよね。」

「豆電球が切れないように，ゆっくり回さないとね。」

などのようなつぶやきが聞こえた。

実験のポイントは，「豆電球のフィラメントが切れないように，ゆっくり回すこと」である。

３個までは，私がやって見せた。３個ぐらいなら，楽に明かりがついた。

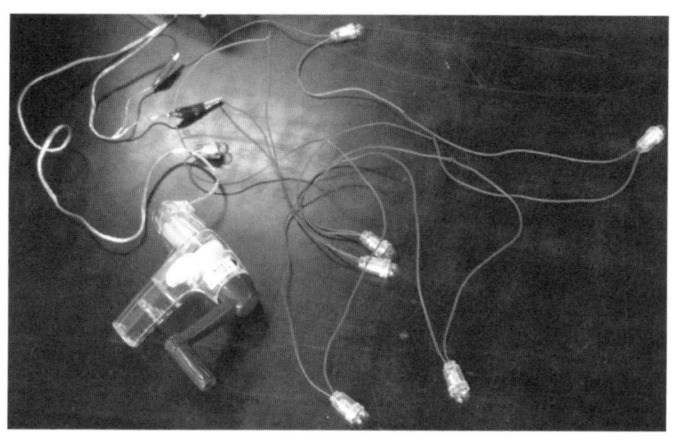

「班で，何個まで豆電球の明かりがつくか，確かめてごらんなさい。」

班ごとに，豆電球を7個配った。7個ついた時，理科室のあちこちから，驚きの声があがった。

「こんなにもつくのか！」

「だんだんと明かりが小さくなってきた。」

「おもいきりハンドルを回さないと，明かりがつかなくなったよ！」

さらに豆電球の数を増やすために，班ごとで協力して実験を進めるようになった。

全部で14個の豆電球。

これも明かりがついた。

そして，どんどん増やしていって，最後は，26個に挑戦。

手回し発電機のハンドルを思い切り回すと……，「ついた！」。かすかだが，豆電球が光った。大きなどよめきが起きた。

ハンドルを回すスピードを上げると，電圧も上がる。

その結果，豆電球の数（抵抗）が増えても，明かりがつくというわけである。

子どもの感想を紹介する。

「今日の勉強はすごく楽しかった。手回し発電機でキセキの26個もついた。すごくうれしかったです。何か，この勉強をしていると，すごく燃えました。」

第7時

意見の食い違いを解決する

意見の食い違いを紹介する

1つの発電機に，電子ブザー，豆電球，プロペラつきモーターの3つをつないだら，同時に動くのか，それとも発電機に近いほうから順番に動くのか？

回路図を黒板に書いた。
そして，子どもたちに予想を尋ねてみた。

・同時に動く（明かりがつく）
・発電機に近いほうから順番に動く
・その他

その他の意見として二つ出された。
「この回路にすると，明かりはつかないし，プロペラも回らない。音だけが鳴る。」
「導線の長さによって違う。導線がものすごく長いと，順番になる。」
準備物を書かせたあとに，実験を開始させた。
結果は，なんと，「ブザーだけが鳴る」であった。普通に回すだけでは，豆電球の明かりはつかないし，プロペラも動かないことがわかった。
しかし，直列回路になっているので，一応電流は回路を流れていることになる。抵抗が大きくて，プロペラと明かりはつかないのだろう。
「では，豆電球だけでやってみたら，同時につくかどうか？」
と尋ねてみた。
これは前回の実験と同じである。
複数の豆電球をつなぐと，同時に明かりがつく。

第8時

つくった電気をためて使おう

コンデンサーを紹介する

「手回し発電機は，ハンドルを回すのをやめると，明かりが消えます。ところが，非常用懐中電灯は，ハンドルを回すのをやめても，明かりがついています。これは，電気をためることができるものが入っているためです。」

「電気をためることができるものを紹介します。コンデンサーといいます。」

コンデンサーから，棒が二本出ている。

長いほうが＋極。

短いほうが－極になる。

注意点を言った。

・充電の時は，手回し発電機のハンドルをゆっくり回すこと。
・50 回くらい回すこと。

ちなみに，コンデンサーに3つぐらいの発電機をつなげて，思い切りハンドルを回し続けると，壊れる。

壊れると，液体が噴射する。甘い匂いがする。

電気をためたコンデンサーに，豆電球をつないでごらんなさい。

つなぐと，明かりがつく。

子どもたちは，「充電器になっている。」と喜んでいた。

他にも，電子ブザー，プロペラつきモーターをつなぐように指示した。

気づいたことを書かせる

たっぷり実験させたところで，気づいたことを書くように指示した。子どもたちの主な気づきは次の通り。

・コンデンサーにつないだ発電機が自然に回り始めた。
・プロペラは，約100秒回った。
・豆電球は，消費力がすさまじい。どんどん明かりが小さくなった。
・50回まわしたコンデンサーで，約100秒豆電球の明かりがつく。
・20回まわすと，電球は約30秒明かりがついた。
・ブザーの音の大きさは変わらない。
・ハンドルが重かった。
・コンデンサーの電気のたまり具合で，プロペラの回る速さ，豆電球の明るさが変わった。
・コンデンサーに電気をためたあと，すぐに豆電球につなぐと，長持ちする。
・豆電球がつくのは，最低何回まわした時なのだろう。

注目すべきは，「豆電球はすぐに電気を消耗してしまう」という気づきが多くの子から出ていたことである。

また，モーターのプロペラが回転する時間と，豆電球の点灯する時間とを比べていた子も多かった。

次の時間に，「省エネ」について学習する。

第9時

発光ダイオードと豆電球はどちらが省エネか？

発光ダイオードとは？

発光ダイオードの紹介を紹介した。

身近なところで使われていますと言うと，「信号機だ」と答えが返ってきた。街を飾るイルミネーションにも使われている。

発光ダイオードの明かりをつけます。豆電球と比べましょう。

子どもたちが気づいたことは次である。

・発光ダイオードは，ある方向に回さないと明かりがつかない。
・豆電球の明かりをつけるほうが，ハンドルの手応えが大きい。

省エネなのはどちらか

発光ダイオードと，豆電球はどちらが，省エネですか。50 回まわしたコンデンサをつないで，明かりがついている時間を比べなさい。

必ず，豆電球から測定させる。豆電球は，1 分ぐらいでコンデンサの電力を使い果たして切れる。

さて，発光ダイオードはどうか？

1 分，2 分，3 分，まだ明かりはついている。5 分，10 分，20 分，まだまだ明かりはついている。授業時間が終わってしまったので，教室に持って帰ることにした。

結果は，なんと 60 分以上である。ある班は，100 分以上明かりがついたままだったと興奮気味に報告に来た。

「豆電球をつないだほうが，回転の手応えが大きいのは，電気がたくさん必要だからです。」と教えた。

第10時

電気を熱に変えよう

電熱線を紹介する

「乾電池に，電熱線だけをつなぎます。すると，電熱線が熱くなります。実は，ホットプレートも，電気の熱を利用しています。」

今日は，電熱線を使って，切断機をつくります。

乾電池ではなく，電源装置を使用した。一定の電力を送ることができるためである。電熱線は，0.3ミリと0.5ミリを用意した。

自由に実験させる

切断機で，発泡スチロールを切ってごらんなさい。

発表スチロールをたくさん用意し，あとは自由に実験をさせた。
実験後に，「気づいたことや疑問」をノートに書かせた。

・発泡スチロールが溶けていた。
・3Vにしたら，1.5Vに比べて電熱線の温まるのが速かった。

第11時

光電池を使って電気を生み出そう

蛍光灯の光で試させる

「今日は良い物を持ってきました。」

こう言って，太陽電池を見せる。

「光を当てると，電池になるものです。光電池と言います。光を当てると，電気が流れます。」

モーターと光電池をつなげます。教室の蛍光灯の光で，モーターを動かしてごらんなさい。

これは，動かない。「光が足りないのかな。動かないなあ。」などと言う。子どもたちは，頑張ってモーターを動かそうとするが動かない。あきらめムードになってくる。

最初に，なかなか動かないという体験をさせておくと，動いた時の感動が増す。これが，授業の演出である。

太陽の光で試させる

次に外に出て，太陽の光で実験する。雲が多く，時々太陽が顔を出す天気だと実験に最適である。日光が弱いと，モーターは動かない。「ああ……，太陽の光でも動かないよ……。」と子どもたち。

しかし，しばらくすると，歓喜の声が挙がる。

「あっ！　モーターが回った！」

「えっ？　どうやったの！」

子どもたちが，その子を囲むように集まる。

太陽の光が直角に当たるように板を動かすと，電気が流れる。このからくりに気づいた子は，一斉にモーターを動かし始める。こうなると，子どもたちは大興奮である。

「すごいすごい！」

教室の蛍光灯の光では，モーターは動かなかった。しかし，太陽の光では，工夫すると動いた。

このあと，雲から出ているかすかな太陽の光を使って，車を動かした。太陽が雲に隠れるたびに，モーターが止まったり，弱くなったりする。これが，なかなかおもしろかった。

発見を共有させる

どうやったら，もっと光電池にたくさんの電気をためることができますか？

「鏡で光を跳ね返す。」「懐中電灯の光を当てる。」などの意見が出た。

鏡を使って光を当ててモーターを動かす実験を行うことにした。鏡で跳ね返す光の数が多いほど，モーターが速くなる。

「光をもっと当ててみましょう。」

鏡で跳ね返した日光を当てると，動く力も強くなる。気付いたことをノートに書かせ，発表させる。

「太陽の光がまっすぐ当たるとよく動く。」

「曇ってくると，急に動かなくなる。」

「光を集めるのがたくさんだと，よりスピードも上がる。」

「坂道では車が止まってしまう。でも，鏡を使ってたくさんの光を光電池に当てると，動き始める。」

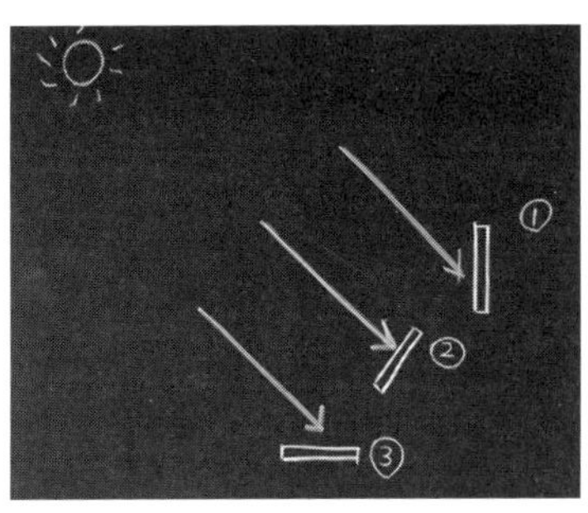

第12～14時

電気を利用したプログラミングを考える

電気を効率よく使うプログラムに気づかせる

身の回りに，電気を利用した物にはどんな物がありますか。

パソコンや，ロボット，掃除機，テレビ，ビデオ，電気自動車などさまざまある。

自動的に動く物はありますか。

「自動ドアは，人が来ると反応して開く。」
「トイレの電気は自動的についたり消えたりする。」
「エスカレーターは，人が近づくと自動的に動き出す。」
電気を効率よく使うために，自動的に制御していることを説明する。

簡単なプログラミングをつくらせる

電気を効率よく使うための「自動化」を考えてみます。

電気の利用に関する「プログラミング」を行う。さまざまな教材があるが，パソコン上のソフトでプログラムをつくると，それがそのまま現実に起きるという教材がよい。

ここでは，「電気を制御することで，効率よく電気を使う」というプログラミングをつくらせる。

人が通ったら→明かりがつく
明るいときは→光が消える。
このようなプログラミングが可能なものがよい。

人を感じたら，明かりがつくプログラムをつくります。

まずは，教師がやり方を教える。プログラミングの練習のためである。パソコンやタブレットを使って，プログラムを組む。丁寧に手順を説明するので，1時間は時間をとりたい。

人を感じたらＬＥＤなどの明かりがつくことを確かめる。「自動化」をつくることができただけで，達成感がある。自分でプログラムした「自動化」が，実際に目の前で起きていることに感動する。

自分でプログラミングを考えさせる

ＬＥＤだけでなく，プロペラやブザーも持ってきました。
今度は，自分なりの「自動化」を考えてみます。

自分なりの自動化のプログラムを，ノートにメモさせる。

ペアや班でプログラムを考えさせる。

温度が高くなるとプロペラが回るとか，人が近づくとモーターが回る，暗くなると明かりがつくなどのプログラムをさまざまにつくらせる。実際に，機器に手をかざすと，電気がついたり，モーターが回ったりする。これは，実際のトイレの電気やエスカレーターと同じことである。

プログラミングをしながら，子どもたちの思考もだんだんと進化してくる。

「人がいなくなってしばらくしたら，モーターの電源を切るプログラムも必要だな。」

「人が通ったらブザーがなって知らせると生活に便利だな。」

いろいろな発見や気づき，工夫が生まれてくる。

子どもたちは，「実際の生活で見たプログラミング」を，自分でもつくることで，プログラミングを自分の生活のために活用できることを学ぶことができる。

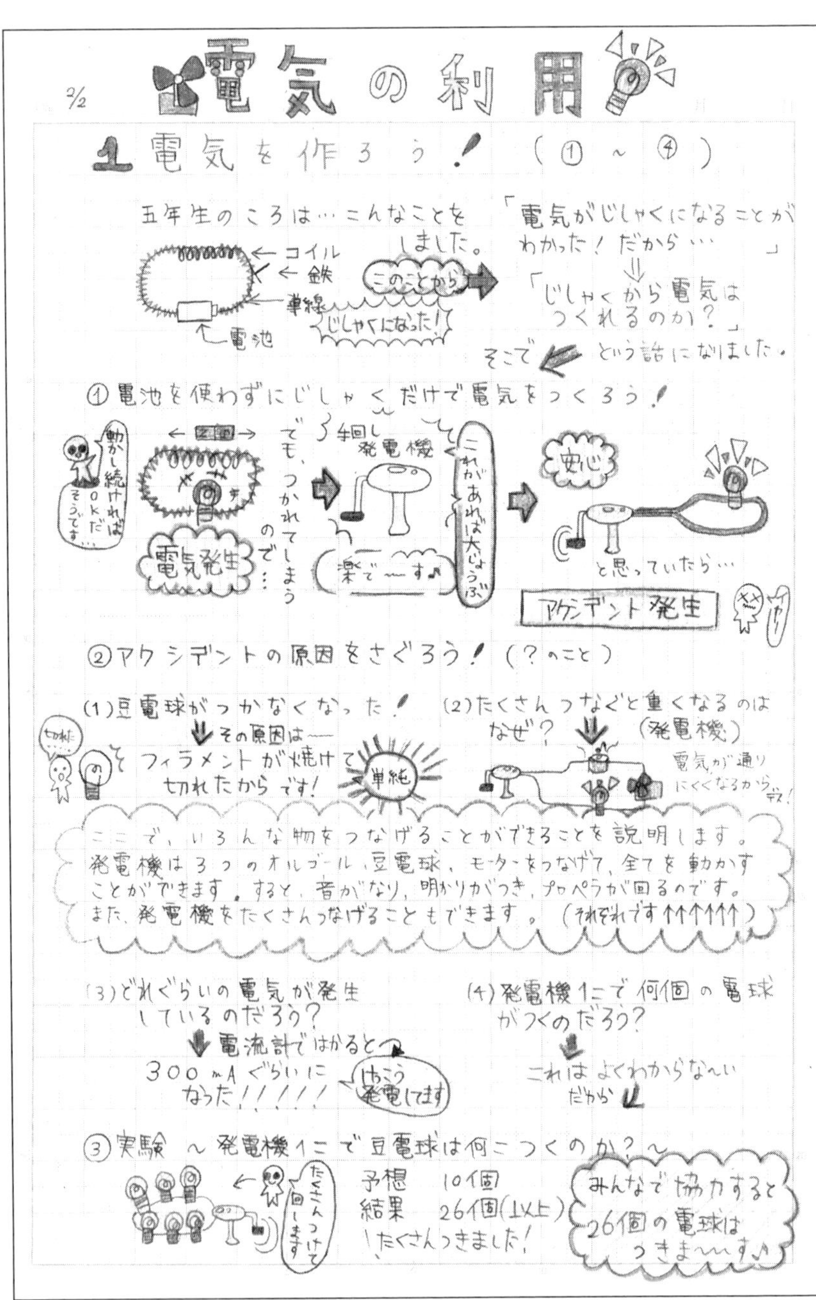
2/2
電気の利用
1 電気を作ろう！（①～④）
五年生のころは…こんなことをしました。
コイル
鉄
導線
電池
このことから
じしゃくになった！
「電気がじしゃくになることがわかった！だから…」
「じしゃくから電気はつくれるのか？」
そこで
という話になりました。
①電池を使わずにじしゃくだけで電気をつくろう！
動かし続ければOKだそうです…
電気発生
でも、つかれてしまうので…
手回し発電機
楽で～す♪
これがあれば大じょうぶ
安心
と思っていたら…
アクシデント発生
②アクシデントの原因をさぐろう！（？のこと）
(1)豆電球がつかなくなった！
その原因は～
フィラメントが焼けて切れたからです！
切れた
単純
(2)たくさんつなぐと重くなるのはなぜ？（発電機）
電気が通りにくくなるからデス！
ここで、いろんな物をつなげることができることを説明します。
発電機は3つのオルゴール、豆電球、モーターをつなげて、全てを動かすことができます。すると、音がなり、明かりがつき、プロペラが回るのです。
また、発電機をたくさんつなげることもできます。（それぞれです↑↑↑↑↑↑）
(3)どれぐらいの電気が発生しているのだろう？
電流計ではかると
300mAぐらいになった！！！！！
けっこう発電してます
(4)発電機1こで何個の電球がつくのだろう？
これはよくわからないだから
③実験～発電機1こで豆電球は何こつくのか？～
たくさんつけて回します
予想　10個
結果　26個（以上）
！たくさんつきました！
みんなで協力すると26個の電球はつきま～す♪

X
電気の利用

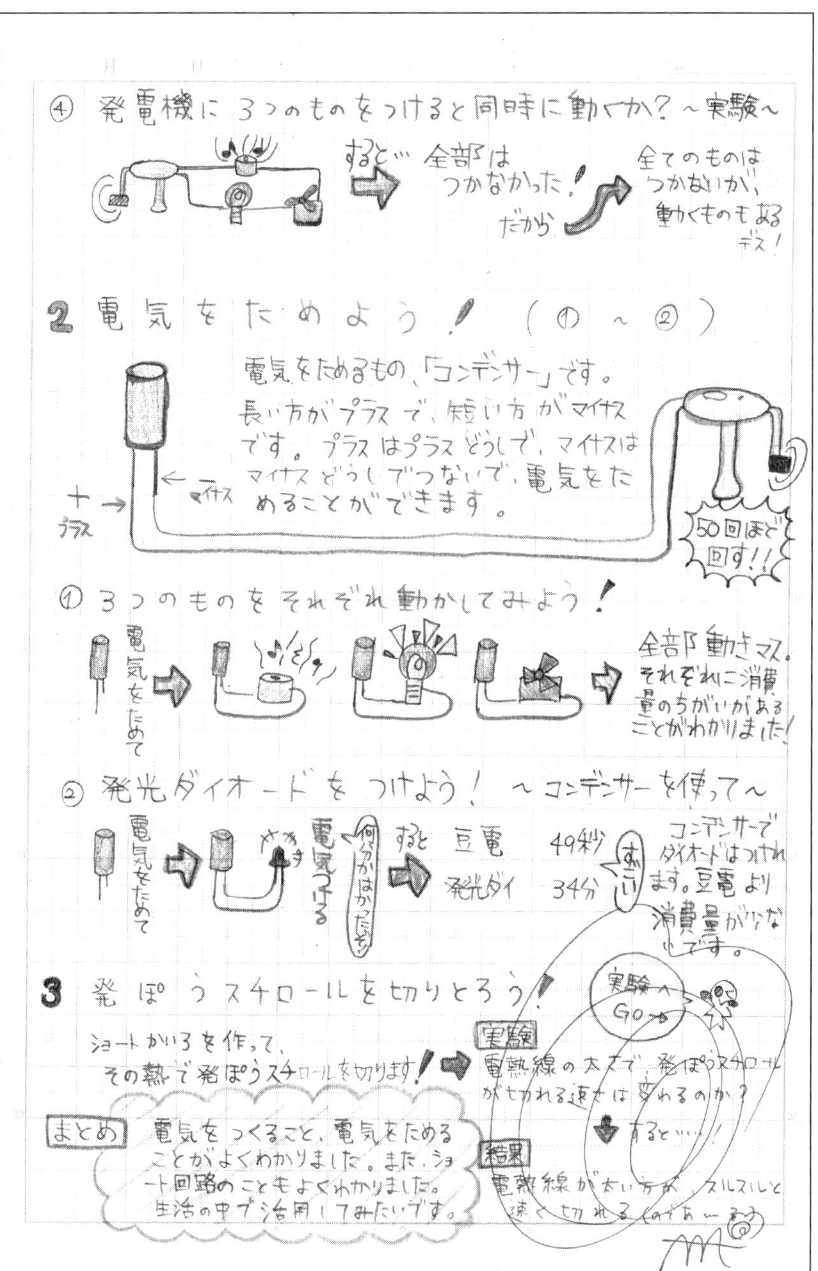
④ 発電機に3つのものをつけると同時に動くか？～実験～

すると゛全部はつかなかった！

だから

全てのものはつかないが、動くものもあるデス！

2 電気をためよう！（①～②）

電気をためるもの、「コンデンサー」です。長い方がプラスで、短い方がマイナスです。プラスはプラスどうしで、マイナスはマイナスどうしでつないで、電気をためることができます。

＋→ プラス

←マイナス

50回ほど回す!!

① 3つのものをそれぞれ動かしてみよう！

電気をためて

全部動きマス。それぞれに消費量のちがいがあることがわかりました！

② 発光ダイオードをつけよう！ ～コンデンサーを使って～

電気をためて

電気つける

何分かはかったぞ

すると

豆電	49秒
発光ダイ	34分

すごい

コンデンサーでダイオードはつけれます。豆電より消費量が少ないです。

3 発ぽうスチロールを切りとろう！

実験へGo→

ショートかいろを作って、その熱で発ぽうスチロールを切ります！

実験

電熱線の太さで、発ぽうスチロールが切れる速さは変わるのか？

するとー…

結果

電熱線が太い方が、スルスルと速く切れるのであーる

まとめ　電気をつくること、電気をためることがよくわかりました。また、ショート回路のこともよくわかりました。生活の中で活用してみたいです。

X 電気の利用

XI 人と環境

XI　人と環境

6年最後の単元では，「人と環境との関わり」を学習する。

環境についての「調べ学習」が中心となる単元である。

ポイントは，いきなり「調べなさい」とはしないことだ。

必ず，調べる前に，「何を調べるのか？」をはっきりしておく必要がある。

「環境に優しい車」のことを調べるのか？

それとも，「水を汚れから守る取り組み」について調べるのか。

調べる前に，「調べたいハテナ」を設定することが必要になる。

そこで，本単元では，次の展開をとっている。

まず，「『空気・植物・水』と人との関わり」について教師が教える。

その上で，疑問に思ったことや調べてみたいことを考えさせる。

最後に，調べ学習を行う。

調べたことは，ノート見開き2ページでまとめさせる。

ある程度子どもに環境について教えた上で，調べ学習のテーマを設定させる。そうすることで，スムーズに調べ学習に移ることができる。

習得させたい知識

1　生物は，水及び空気を通して周囲の環境と関わって生きていること。
2　水は循環していること。

習得させたい技能

1　持続可能な社会にするための方法を多面的に考えることができる。
2　環境を守る取り組みを，資料やインターネットを使って調べることができる。
3　調べた情報で自分が大切だと思う情報を選び，ノートにまとめることができる。

単元実施計画

時　間	学習内容と指導方法の重点
第１時	【習得】空気の汚れを防ぐ取り組みを知る
第２時	【習得】森林を守る取り組みを知る
第３時	【習得】水の汚れを防ぐ取り組みを知る
第４～５時	【探究】環境を守る取り組みを調べる
第６～７時	【活用】人と環境との関わりをノートにまとめる

第1時

空気の汚れを防ぐ取り組みを知る

空気を汚すものとは？

車が排気ガスを出している映像や，工場が煙を出している映像を見せる。汚れた気体が出ている映像である。そして問う。

石油を燃やすと，空気が汚れます。
石油を使うものにはどんなものがありますか。

・工場
・車
・船や飛行機
・発電所（火力）
・家庭のストーブ

この中で，石油を一番使っているのは，何ですか。

子どもに意見を聞いていく。工場と答えた子が多かった。
「実は，車が一番，石油を使っています。車から出る排気ガスが，空気を汚しています。」
統計資料を見せる。私が使った資料には，全体の石油使用量の30%以上を，自動車が占めていると示されていた。

空気を汚さないためには，どういう車をつくればいいですか。

「ガソリンをあまり使わない車にしたらよい。」
「汚いガスを出さないようにする車にしたらよい。」
ここで，環境に優しい車を紹介した。

・ハイブリッドカー
・水素で走る車
・電気だけで走る車

車の走っている様子と，走る仕組みを，映像で紹介した。

値段はどれぐらいだと思いますか。

値段を紹介すると。「高いなぁ」と声がした。

開発が進めば，もっと安く作れるようになるかもしれないと教えた。

残った時間で，空気を汚さない取り組みには，他にどんなことがあるのかを，教科書で調べさせた。

第２時

森林を守る取り組みを知る

木をたくさん消費している事実を教える

最初に，紙を作っている工程の映像を見せた。

紙は木からできることを確認した。

身のまわりにある紙でできているものをノートに書きなさい。

ノート，新聞，教科書など多くのものが出された。

日本人は，１人あたり，紙を１年間に240kg使っていると言われます。成木にして，木５本にあたります。他の国と比べて多いでしょうか。

他の国の１人あたりの平均のグラフを見せた。

日本の紙消費量は，世界平均の４倍である。日本は多いほうだということがわかる。

１人あたり１年間に５本分の木を使うのです。
ということは，全校児童 400 人だと，１年でどれぐらい使うことになりますか。

2000 本である。

日本の森林は減っているのでしょうか。

森林面積の推移のグラフを見せる。

日本はあまり減っていませんね。世界平均の５倍も使っているのに，減っていないのはなぜですか。

「木材を輸入しているから」である。木材の８割を輸入に頼っているのである。

世界の森林がなくなっているのは，日本のせいだと言う人もいます。
どうしたら，世界の森林が減るのを食い止めることができますか。
班で相談しなさい。

次の意見が出た。

・リサイクルをする。
・植林をする。

残った時間で，教科書を使って，森林を守る取り組みを調べさせた。「リサイクル」，「ケナフなどの植物を使って紙をつくる」などが出された。紙を作るために木を切るのではなく，家を作るために切った木の余った部分を使う方法もあることを教えた。

最後に，リサイクルマークや，エコマークを紹介した。ノートにもリサイクルマークがあることを子どもたちが発見していた。

第3時

水の汚れを防ぐ取り組みを知る

水の汚れの原因を考えさせる

水はどこから来てどこに行きますか。

次のように板書した。

「山の上流→中流→下流→海→蒸発して水蒸気→雲→雨→山の上流」

「ぐるぐると循環しています。このまま，水が汚れることなく循環していると，何の問題もありません。」

この中で，水がいちばんきれいなのはどこですか。

「上流ですね。山の地層がろ過してくれるので，水がきれいになります。」

水がいちばん汚いのはどこですか。

「海」という答えが多かった。

水を汚している場所には，どんなところがありますか。

・工場
・家庭
・ごみが多いところ
・牧場など水を使うところ　など。

この中で，水の汚れのいちばんの原因となっているところはどこですか。

東京湾の汚れの原因の70%が生活排水であることを教えた。
場所によって異なるが,「生活排水」は,水の汚れの大きな原因である。

家庭の何が原因ですか。

・洗濯
・台所での洗いもの
・風呂
・トイレ

水をきれいに保つための取り組みを教科書から調べなさい。

・下水処理場
・油などを捨てない取り組み
・お風呂の水を何度も使う

最後に，日本の最先端のろ過技術を使えば，汚い水でも飲めるほどきれいになることを紹介するとよい。

第４～５時

環境を守る取り組みを調べる

子どもの疑問を追究させる

この１年間，人と環境との関わりを学習をしてきました。
人と何の関係を調べてきましたか。

・人と生き物の関係。
・人と水の関係。
・人と空気の関係。
・人と植物の関係。

「今までに学習を終えて，少し疑問が出ていました。例をあげます。」

・生き物の絶滅を防ぐ工夫としてどんな活動をしているか？
・水をきれいにするための工夫は他にどんなことがあるか？
・空気を汚さないために，車以外でどんな工夫をしているのか？
・自然を破壊しないための工夫として，どんなことをしているか？

この他に疑問や調べてみたいことがあれば，ノートに書きなさい。

・最近絶滅した動物は？
・石油を使わない乗り物の開発について
・レッドリストに載っている生き物にはどんなものがいる？

人と何の関係について調べますか。
ペアで１つテーマを選びなさい。

残った時間で調べ学習を行い，２時間をとって，ノート見開き２ページでまとめさせた。

あとがき

卒業式を間近に控えた２月の終わり。

保護者と子ども，教師が一堂に集まり，謝恩会が行われた。

その中で，保護者が言った。

「この１年間の感謝の気持ちをカードに書いて，先生にわたしましょう。」

そして，５分ほど，カードを書く時間がとられた。

５分後，うれしそうにカードを持ってくる子どもたち。

たった５分間の手紙に，担任である私への感謝の言葉がたくさん綴られてあった。

その中に，理科の授業のことも書かれてあった。

「理科の授業が，いつも楽しくて，楽しみでした。」

「先生の授業は，とてもわかりやすかったし，楽しかったです。」

卒業前のたった５分間の「感謝の手紙」の中に，理科の授業のことが出てきたのがうれしかった。

３月の終わり。理科の最後の授業で，感想を書かせた。

１年間の理科の授業を終えた子どもの感想の中に，次のようなものがあった。

「理科は調べれば調べるほどおもしろかったです。だからもっとくわしく勉強すれば，わかることが増え，将来役立つと思います。」

「未知の液体が何なのかを当てるのが，楽しかった。」

「石探しや，手回し発電機を使っていろいろ試したのが楽しかった。」

子どもの感想には，どういった理科授業を行えば，理科好きにできるかというヒントが隠されている。

次のような共通点が見つかるからである。

1　最初に教師が教えて，次に教えた内容を活用させる授業
2　子どもの疑問から課題をつくり，その疑問を解決する授業
3　実験や観察をたっぷりと保障する授業

この三つのポイントを意識すれば，理科授業は充実していくはずである。

理科の授業が充実することで，子どもにも変化が訪れる。

ある子は，理科の授業でのノートづくりに力を入れるようになった。

「僕は，以前授業を脱走していたからな～。」

と，ときどき昔を振り返ってはつぶやく子だった。やんちゃな子だった。

その子は，毎回，毎回，ノートを丁寧に書いた。

2学期の終わりになって，その子が書いたノートを，以前担任していた教師に見せた。「別人のノートのようだ。」と感想をもらしていた。

定規を使い，文字を丁寧に書き，空白を適度にとった，すばらしいノートに仕上がっていた。

実験でも，みんなで協力しながら行うことができるようになった。それどころか，ペアや班で実験をするときには，自分がリーダーとなって，友達を引っ張っていた。

理科は，本来「楽しい」教科である。

本書が，読者諸兄の実践の一助となれば幸甚である。

本書を書き上げるにあたり，玉井久美子氏には，企画から編集まで御尽力いただきました。記して感謝申し上げます。ありがとうございました。

2012年3月　大前暁政

大前暁政（おおまえ　あきまさ）

1977年，岡山県に生まれる。岡山大学大学院教育学研究科（理科教育）修了後，公立小学校教諭を経て，2013年4月より京都文教大学准教授に就任。教員養成課程において，教育方法論や理科教育法などの教職科目を担当。「どの子も可能性をもっており，その可能性を引き出し伸ばすことが教師の仕事」と捉え，現場と連携し新しい教育を生み出す研究を行っている。文部科学省委託体力アッププロジェクト委員，教育委員会要請の理科教育課程編成委員などを歴任。理科の授業研究が認められ「ソニー子ども科学教育プログラム」に入賞。日本初等理科教育研究会，日本理科教育学会所属。

著　書　『理科の授業が楽しくなる本』（教育出版）
『たいくつな理科授業から脱出する本—これだけは身につけたい理科の授業技術』（教育出版）
『なぜクラス中がどんどん理科を好きになるのか—改訂・全部見せます小3理科授業』（教育出版）
『なぜクラス中がどんどん理科のとりこになるのか—改訂・全部見せます小4理科授業』（教育出版）
『なぜクラス中がどんどん理科に夢中になるのか—改訂・全部見せます小5理科授業』（教育出版）
『先生のためのセルフコーチング』（明治図書）
『理科の授業がもっとうまくなる50の技』（明治図書）
『子どもを自立へ導く学級経営ピラミッド』（明治図書）
『実践アクティブ・ラーニングまるわかり講座』（小学館）
『大前暁政の教師で成功する術』（小学館）
『学級経営に活かす　教師のリーダーシップ入門』（金子書房）
『勉強ができる！クラスの作り方』（東洋館出版社）
『大前流教師道—夢をもちつづけることで教師は成長する』（学事出版）
『若い教師がぶつかる「壁」を乗り越える指導法！』（学陽書房）

なぜクラス中がどんどん理科を得意になるのか
改訂・全部見せます小6理科授業

2012年4月23日　初版第1刷発行
2020年3月22日　2版第1刷発行

著　者　大前暁政
発行者　伊東千尋
発行所　教育出版株式会社
〒101-0051　東京都千代田区神田神保町2-10
TEL 03-3238-6965　FAX 03-3238-6999
URL https://www.kyoiku-shuppan.co.jp

装丁・DTP　ユニット
印刷　モリモト印刷
製本　上島製本

ISBN978-4-316-80494-1 C3037